westermann

Uwe Hoffmann

Medizinische Fachangestellte Elektronische Datenverarbeitung

Lehr- und Arbeitsheft

7. Auflage

Bestellnummer 92034

Die in diesem Produkt gemachten Angaben zu Unternehmen (Namen, Internet- und E-Mail-Adressen, Handelsregistereintragungen, Bankverbindungen, Steuer-, Telefon- und Faxnummern und alle weiteren Angaben) sind i. d. R. fiktiv, d. h., sie stehen in keinem Zusammenhang mit einem real existierenden Unternehmen in der dargestellten oder einer ähnlichen Form. Dies gilt auch für alle Kunden, Lieferanten und sonstigen Geschäftspartner der Unternehmen wie z. B. Kreditinstitute, Versicherungsunternehmen und andere Dienstleistungsunternehmen. Ausschließlich zum Zwecke der Authentizität werden die Namen real existierender Unternehmen und z. B. im Fall von Kreditinstituten auch deren IBANs und BICs verwendet.

Druck und Bindung: Westermann Druck GmbH, Georg-Westermann-Allee 66, 38104 Braunschweig

ISBN 978-3-427-**92034**-2

Inhaltsverzeichnis

Liebe Auszubildende

Nahezu jede ärztliche Praxis besitzt heutzutage einen Computer. Die Medizinischen Fachangestellten nutzen den Computer z. B. zum Einlesen der elektronischen Gesundheitskarte (eGK) und zum Ausdrucken von Formularen. Der Arzt bzw. die Ärztin nutzt ihn gemeinsam mit den Medizinischen Fachangestellten zum Dokumentieren und zur Abrechnung. Der Computer ist also in der Praxis ein unentbehrlicher Helfer!

Wie aber funktioniert so ein Computer eigentlich?
Wie verhindere ich, dass Daten verloren gehen?
Welchen Druckertyp benötigt man in einer Praxis?
Worauf sollte man beim Kauf eines neuen Monitors achten?
Wozu können Patientinnen und Patienten das Internet nutzen?
Was ist eine Cloud?
Wie ändert sich die Arbeit in der Praxis durch Einführung eines Computersystems?

Diese und viele weitere wissenswerte Fragen werden in diesem Arbeitsheft behandelt. Dabei wird großer Wert auf eine einfache und gut verständliche Darstellung aller Inhalte gelegt.

Aufbauend auf einem einleitenden Text, einer Abbildung oder Ihrem bereits vorhandenen Wissen werden Aufgaben gestellt, die Sie direkt in Ihrem Arbeitsheft lösen können. Anschließend werden die Lösungen gemeinsam besprochen. Zur Vertiefung und Anwendung Ihres neuen Wissens gibt es viele Ankreuzaufgaben und verschiedene Kreuzworträtsel.

Viel Spaß bei der Arbeit mit diesem Heft und eine erfolgreiche Ausbildung wünscht Ihnen

Uwe Hoffmann

1 Grundbegriffe der Datenverarbeitung

Nahezu jede ärztliche Praxis verfügt heutzutage über einen Computer. Für Medizinische Fachangestellte ist es deshalb wichtig, grundlegende Sachverhalte über Datenverarbeitung und Computer zu kennen.

1.1 Merkmale der automatisierten Datenverarbeitung

Wir alle haben jeden Tag mit einer Vielzahl von Daten zu tun, sowohl privat als auch in der Praxis. Wenn eine Ärztin einem Patienten einen Befund mitteilt, so übermittelt sie ihm Daten. Genauso geschieht es, wenn eine Medizinische Fachangestellte eine Chipkarte in den Computer einliest und die Daten von der Chipkarte auf den Computer übertragen werden.

> Nettes Praxisteam sucht
>
> **Motivierte Medizinische Fachangestellte**
>
> **für internistische Praxis**
>
> Ihre Qualifikation:
> - freundlich
> - belastbar
> - gute Abrechnungskenntnisse
> - sehr gute EDV-Kenntnisse
>
> Trifft das auf Sie zu?
> Dann melden Sie sich bitte unter Telefon ...

Was aber versteht man eigentlich genau unter dem Begriff „Daten“? Daten sind alle für einen Menschen oder eine Maschine durch Zeichen (z. B. Buchstaben, Zahlen) oder auf andere Art (z. B. Bilder) dargestellten Informationen. Von Datenverarbeitung spricht man, wenn man mit Daten, z. B. dem Namen eines Patienten, irgendetwas macht, z. B. die Gesundheitskarte einliest. Die sogenannte **automatisierte Datenverarbeitung** erfolgt mit einem Computer.

Alle Computer werden durch ein Programm gesteuert. Ein Programm sagt einem Computer genau, was er machen soll. Ein Programm kann man gut mit dem Einkaufszettel vergleichen, der festlegt, was eine Person einkaufen soll. Ohne Programm funktioniert kein Computer! Beispiele für Programme sind MS Word, ALBIS, MEDISTAR, aber auch Apps zählen zu den Programmen.

Computer können für eine Vielzahl von Aufgaben eingesetzt werden, z. B. zum Schreiben, Spielen, Musikmachen oder um im Internet zu surfen. Diese **Universalität** (= vielseitige Einsetzbarkeit) trägt sehr zur hohen Verbreitung von Computern bei.

Mit Computern kann man viele Aufgaben gleichzeitig lösen. Im medizinischen Bereich z. B. kann man mit ein und demselben Programm die Krankheiten der Patientinnen und Patienten erfassen, die geeigneten Medikamente finden, Formulare ausdrucken und die entsprechende Leistungsziffer abrechnen. Dies nennt man **integrierte** (= zusammengefügte) **Problemlösung**. Obwohl ein Computer so viele Dinge kann, benötigt er nur ganz wenig Platz. Das nennt man **Mikrominiaturisierung** (Kleinstverkleinerung). Früher benötigte ein Computer für einfache Rechenaufgaben die Größe eines Autos, heute die eines Sandkorns. Mit jedem Jahr werden die PCs kleiner und leistungsfähiger.

1. Was versteht man unter Daten?

2. Ordnen Sie die Begriffe durch Verbinden richtig zu.

Merkmale der automatisierten Datenverarbeitung

Begriff	**Definition**
■ Computereinsatz	■ Mit einem Computer kann man eine Vielzahl von Aufgaben gleichzeitig lösen.
■ Programmsteuerung	■ Ein Computer benötigt nur ganz wenig Platz gemessen an der Vielzahl seiner Aufgaben.
■ Universalität	■ Die automatisierte Datenverarbeitung wird mit einem Computer durchgeführt.
■ integrierte Problemlösung	■ Der Computer wird durch ein Programm gesteuert.
■ Mikrominiaturisierung	■ Der Computer kann für eine Vielzahl von Aufgaben eingesetzt werden.

Ein Computer hat in seiner Funktionsweise eine gewisse Ähnlichkeit mit einem Menschen. Mensch und Computer haben gewisse Körperteile bzw. Geräte, um Informationen aufzunehmen und auszugeben.

3. Durch welche Organe nimmt ein Mensch Informationen auf? Tragen Sie die fünf Organe in die linke Seite der Tabelle ein und schreiben Sie daneben, wozu diese Organe dienen (Funktion).

4. Durch welche Organe bzw. Körperteile verbreitet ein Mensch Informationen? Tragen Sie mindestens drei Organe in die rechte Seite der Tabelle ein und schreiben Sie daneben, wozu diese dienen (Funktion). (Die mittlere Spalte mit der Überschrift „Informationsverarbeitung“ wird später besprochen.)

Mensch				
Informationsaufnahme		**Informationsverarbeitung**	**Informationsausgabe**	
Organ	Funktion		Organ/Körperteil	Funktion
		Gehirn		

5. Durch welche Geräte nimmt ein Computer Informationen auf? Tragen Sie mindestens vier Geräte in die linke Seite der Tabelle ein und schreiben Sie daneben, was man damit macht.

6. Durch welche Geräte verbreitet ein Computer Informationen? Tragen Sie mindestens drei Geräte in die rechte Seite der Tabelle ein und schreiben Sie daneben, was man damit macht. (Die mittlere Spalte mit der Überschrift „Informationsverarbeitung“ wird später besprochen.)

Computer				
Informationsaufnahme		**Informations-verarbeitung**	**Informationsausgabe**	
Gerät	Funktion		Gerät	Funktion
		Zentraleinheit		

Obwohl sich die Organe des Menschen und die Geräte des Computers nur teilweise entsprechen, ist doch das Prinzip das gleiche. Man nennt es das EVA-Prinzip, wobei der Buchstabe **E** für Eingabe (Informationsaufnahme), der Buchstabe **V** für (Informations-)Verarbeitung und der Buchstabe **A** für (Informations-)Ausgabe steht. Es werden also Daten eingegeben, dann verarbeitet und anschließend ausgegeben. Die Verarbeitung der Informationen erfolgt beim Menschen bekanntermaßen im Gehirn, beim Computer in der sogenannten Zentraleinheit. Wie das konkret vor sich geht, werden Sie später noch genauer sehen.

7. Tragen Sie die drei Wörter des EVA-Prinzips in die Tabelle ein.

Das EVA-Prinzip

__________ → __________ → __________

1.2 Datenarten

Den Begriff der Daten haben wir bereits kennengelernt. Daten lassen sich jedoch noch genauer unterscheiden: Beantworten Sie die folgenden Fragen zu der auf der folgenden Seite unten abgebildeten Privatliquidation.

1. Welche Daten auf der Liquidation ändern sich bei jedem Besuch in der Praxis? Nennen Sie fünf Beispiele.

2. Welche Daten auf der Liquidation ändern sich selten oder nie? Nennen Sie drei Beispiele.

3. Mit welchen Daten auf der Liquidation wird etwas geordnet?

4. Mit welchen Daten auf der Liquidation wird etwas geordnet? Nennen Sie zwei Beispiele.

5. Welche Daten auf der Liquidation wurden in den PC eingegeben? Nennen Sie drei Beispiele.

6. Welches Datum auf der Liquidation entstand durch die Verarbeitung im PC neu und wurde dann ausgegeben?

Liquidation

Dr. med. Ludger Brabender
Schlossallee 71
53757 Sankt Augustin
Tel.: 02241 1234567

RE.-DATUM: 02.05.2023
RG.-NR.: 43135
Bankverbindung
Kreissparkasse Köln
IBAN DE69 3865 0000 0280 1642 34

Frau Ulrike Meyer
Weiherstraße 45
53757 Sankt Augustin

Liquidation
Für meine Bemühungen bei Ihnen gestatte ich mir 92,26 EUR zu berechnen.

Diagnosen: 1. Ametropie, 2. Phorie, 3. Ausschluss von Fundusveränderungen, 4. Hyposphagma, 5. Ausschluss Fremdkörper, 6. Augendruckmessung

Datum	GOÄ-Nr.	Leistungsart	Fak.	EUR
18.03.23	1	Beratung	2,30	10,72
	1200	Refraktions-bestimmung	2,30	7,91
	1202	Refraktometer	2,30	9,92
	1216	Untersuchung Heterophorie/Strabismus	2,30	12,20
	1242	Binokulare Untersuchung Augenhintergrund	2,30	20,38
	1256	Applanationstonometrie	1,80	10,49
	1318	Ausrollen der Übergangsfalte	2,30	9,92
22.04.23	1	Beratung	2,30	10,72

7. Setzen Sie die richtigen Lösungswörter (s. u.) ein.

Erklärung	Lösungswort
1. Daten, die sich selten oder nie ändern, nennt man:	
2. Daten, die sich häufig ändern oder immer wieder neu entstehen, nennt man:	
3. Daten, mit denen gerechnet wird, nennt man:	
4. Daten, mit denen geordnet wird, nennt man:	
5. Daten, die in eine Datenverarbeitungsanlage eingegeben werden, nennt man:	
6. Daten, die aus den eingegebenen Daten durch Verarbeitung entstanden sind und anschließend ausgegeben werden, nennt man:	

Lösungswörter:
Bewegungsdaten • Eingabedaten • Stammdaten • Ausgabedaten • Rechendaten • Ordnungsdaten

Man unterscheidet Daten auch nach der Art der verwendeten Zeichen:

- **Alphabetische Daten bzw. Zeichen** bestehen nur aus Buchstaben.
- **Numerische Daten bzw. Zeichen** bestehen nur aus Zahlen.
- **Alphanumerische Daten bzw. Zeichen** bestehen sowohl aus Buchstaben als auch aus Zahlen.
- **Sonderzeichen** sind alle sonstigen Zeichen, die weder Buchstaben noch Zahlen sind.

8. Geben Sie für jede Datenart drei Beispiele aus der Liquidation auf Seite 8 und tragen Sie diese in die Tabelle ein.

alphabetische Daten	numerische Daten	alphanumerische Daten	Sonderzeichen

1.3 Datenverschlüsselung

Bisher wurde immer von Datenverarbeitung gesprochen. Was passiert aber im Computer bei der Datenverarbeitung? Wie stellt ein Computer Daten eigentlich dar, z. B. einen Ton, ein Bild oder nur einen einfachen Buchstaben oder eine Zahl? Diese Fragen werden im Folgenden Schritt für Schritt geklärt. Die Verarbeitung der Daten findet im Mikroprozessor statt. Der Mikroprozessor ist ein kleines Bauteil des Computers, zu dem alle eingegebenen Daten geleitet werden. Der Mikroprozessor macht nichts anderes, als sich selbst viele Millionen Mal in der Sekunde an- und auszuschalten. Warum macht er das?

Ein Computer ist dumm, denn sein Gehirn, der Mikroprozessor, kann nur zwei Zustände unterscheiden, nämlich „Strom an“ und „Strom aus“.

Wenn man dem Mikroprozessor also etwas beibringen will, so muss man einen Weg finden, dies durch „Strom an“ und „Strom aus“ darzustellen. Wie kann nun dem Mikroprozessor z. B. beigebracht werden, den Buchstaben A darzustellen?
Ganz einfach! Der Buchstabe A muss so dargestellt bzw. umgewandelt werden, dass der Mikroprozessor ihn mit einer Abfolge von „Strom an“ und „Strom aus“ (vergleichbar mit Morsezeichen) darstellen kann. In Zukunft sollen nicht mehr die Begriffe „Strom an“ und „Strom aus“ verwendet werden, sondern für „Strom aus“ die Ziffer 0 und für „Strom an“ die Ziffer 1.

---

1. Wo findet die Verarbeitung der Daten im Computer statt?

2. Was wird zum Mikroprozessor geleitet?

3. Was macht der Mikroprozessor viele Millionen Mal in der Sekunde?

4. Welche beiden Zustände kann der Mikroprozessor nur unterscheiden?

5. Wie werden diese beiden Zustände für uns Menschen dargestellt, da wir Strom nicht sehen können?

Nun soll versucht werden, die Buchstabensprache des Menschen in die Sprache des Mikroprozessors und damit in die Sprache des ganzen Computers zu übersetzen. Dazu ist weiter unten eine Umwandlungstabelle von menschlichen Buchstaben in die Sprache des Mikroprozessors (und zurück) angegeben. Ein Verfahren, das festlegt, wie man menschliche Buchstaben in die Sprache des Computers (und zurück) verwandelt, nennt man einen **Code**.

6. Wie lautet die aus acht Nullen und Einsen bestehende Darstellung des Buchstabens „A" durch den Mikroprozessor im sogenannten ASCII-Code (ASCII = American Standard Code for Information Interchange = Amerikanischer Standardzeichensatz zum Informationsaustausch)? Nutzen Sie die unten stehende Tabelle.

7. Beschreiben Sie, wie Sie bei der Lösung der obigen Aufgabe vorgegangen sind.

Tabelle ASCII-Code (Auszug)

Bitpositionen 0–3	**Bitpositionen 4–7**															
	0000	0001	0010	0011	0100	0101	0110	0111	1000	1001	1010	1011	1100	1101	1110	1111
0010																
0011	0	1	2	3	4	5	6	7	8	9	:	;	<	=	>	?
0100	@	A	B	C	D	E	F	G	H	I	J	K	L	M	N	O
0101	P	Q	R	S	T	U	V	W	X	Y	Z	[	\	]		
0110		a	b	c	d	e	f	g	h	i	j	k	l	m	n	o
0111	p	q	r	s	t	u	v	w	x	y	z					
1000																
1001																
1010																
1011																
1100																
1101																
1110																
1111																

8. Finden Sie mithilfe der obigen Darstellung heraus, welche Wörter sich hinter den folgenden Kombinationen von Nullen und Einsen verstecken:

a) 01001110 01100001 01110011 01100101

b) 01001000 01100001 01100001 01110010

9. Wie oft hat sich der Mikroprozessor ein- und ausgeschaltet, um das Wort unter a) darzustellen?
Geben Sie den Rechenweg an.

10. Stellen Sie folgende Wörter bzw. Zeichen im ASCII-Code dar: a) Rad b) Rhinitis c) =

a)

b)

c)

Eine einzelne Null oder eine einzelne Eins wird als ein Bit bezeichnet. Sie ist die kleinste Informationseinheit, die es gibt, und kann nur die Zustände 0 oder 1 annehmen. Wie wir gesehen haben, benötigt man zur Darstellung eines Buchstabens immer acht Bits. Diese Zusammenfassung von acht Bits zur Darstellung eines alphanumerischen Zeichens (z. B. eines Buchstabens) nennt man ein Byte. Ein Byte kann aber auch einen Computerbefehl darstellen, z. B. den Befehl an den Computer, einen Text auszudrucken.

11. Was versteht man unter einem Bit?

12. Was versteht man unter einem Byte?

Zusammenfassend: Der Mikroprozessor ist der wichtigste Bestandteil eines Computers. Er kennt nur die Zustände „Strom an" und „Strom aus". Für uns Menschen wird „Strom an" durch eine 1 dargestellt, „Strom aus" durch eine 0. Zur Übersetzung der Buchstabensprache des Menschen in die Sprache des Computers und umgekehrt benötigt man einen Code.

1.4 Zwischen Hardware und Software unterscheiden

1.4.1 Hardware

Betrachten Sie die folgende Computeranlage. Die Gesamtheit aller Geräte einer Computeranlage nennt man Hardware (= harte Ware):

1. Welche Hardwaregeräte sind hier abgebildet, welche weiteren fallen Ihnen ein?

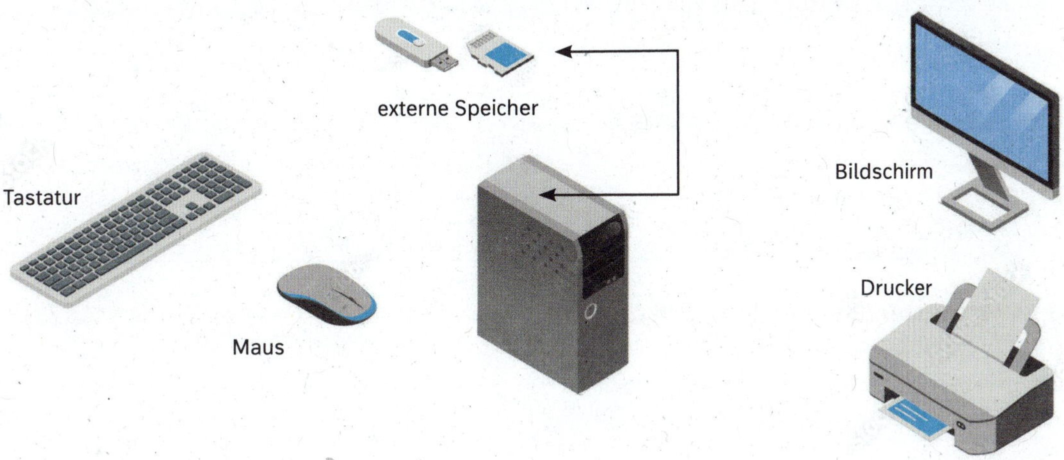

1.4.2 Software

Die Gesamtheit aller Programme einer Computeranlage nennt man Software (= weiche Ware). Diese wird unterteilt in Systemsoftware und Anwendersoftware. Systemsoftware sind Programme, die nur dazu dienen, den Computer überhaupt nutzen zu können. Die wichtigste Systemsoftware ist das Betriebssystem, z. B. Windows. Dass das Betriebssystem zur Systemsoftware gehört, erkennt man schon an seinem Namen **Betriebssystem** (= System, um den Computer zu betreiben). Anwendersoftware sind Programme, die den Benutzenden (= Anwendende) ganz bestimmte spezielle Problemlösungen bieten, z. B. WORD (Schreibprogramm) oder ALBIS (Dokumentations- und Abrechnungsprogramm für medizinisches Personal). Außerdem wird zwischen Standardsoftware und Branchensoftware unterschieden. Branchensoftware ist nur für bestimmte Berufsgruppen geeignet, Standardsoftware ist für alle Berufsgruppen gedacht. Heutzutage wird ein Programm oftmals auch kurz App genannt. Das Wort App kommt aus dem Englischen für application und heißt übersetzt Anwendung.
Damit man weiß, wie ein Programm bedient wird, gibt es sogenannte Programmdokumentationen. Eine Programmdokumentation ist eine Anleitung zum Umgang mit einem Programm. Sie dient gleichzeitig zum Nachschlagen bei Problemen mit dem Programm.

1. Was versteht man unter Hardware?

2. Was versteht man allgemein unter Software?

3. Was versteht man unter Systemsoftware?

4. Was versteht man unter Anwendersoftware?

5. Was versteht man unter Branchensoftware?

6. Was versteht man unter Standardsoftware?

7. Wie wird ein Programm heutzutage oftmals auch genannt?

8. Was ist eine Programmdokumentation?

Frage 1: Welche Aussagen sind richtig?

- a) Röntgenbilder zählen zu den Patientendaten.
- b) Daten sind Zeichen oder auf andere Art dargestellte Informationen.
- c) Auch die Tage eines Monats sind Daten.
- d) Daten sind alle Geräte eines Computers.

Frage 2: Welche Aussage ist richtig?

- a) Integrierte Problemlösung bedeutet, dass der Computer für eine Vielzahl von Aufgaben eingesetzt werden kann.
- b) Programmsteuerung bedeutet, dass die Datenverarbeitung mit einem Computer durchgeführt wird.
- c) Universalität bedeutet, dass man mit einem Computer eine Vielzahl von Aufgaben gleichzeitig lösen kann.
- d) Das EVA-Prinzip bedeutet, dass Daten in der Reihenfolge Eingabe – Verarbeitung – Ausgabe verarbeitet werden.

Frage 3: Welche Aussagen sind richtig?

- a) Rechendaten sind Daten, mit denen gerechnet wird.
- b) Stammdaten sind Daten, die sich häufig ändern oder immer wieder neu entstehen.
- c) Ordnungsdaten sind Daten, mit denen geordnet wird.
- d) Bewegungsdaten ändern sich selten oder nie.

Frage 4: Welche Aussagen sind richtig?

- a) Numerische Zeichen bestehen nur aus Buchstaben.
- b) Alphabetische Zeichen bestehen nur aus Zahlen.
- c) Alphanumerische Zeichen bestehen aus Buchstaben und Zahlen.
- d) Sonderzeichen sind alle sonstigen Zeichen, die weder Buchstaben noch Zahlen sind.

Frage 5: Ein Byte ist ...

- a) die kleinste Informationseinheit, die es gibt. Sie kann nur die Zustände 0 und 1 annehmen.
- b) ein Hersteller von Mikroprozessoren.
- c) eine 8-Bit-Gruppe zur Darstellung eines alphanumerischen Zeichens oder eines Computerbefehls.
- d) ein Programm, das zur Gruppe der Systemsoftware gehört.

Frage 6: Unter Software versteht man ...

- a) die Gesamtheit aller Bestandteile eines Computers.
- b) Bestandteile eines Computers, die man herausnehmen kann.
- c) Computergeräte, die leicht kaputtgehen.
- d) die Gesamtheit aller Programme einer Computeranlage.

Frage 7: Das Programm Word gehört zur ...

- a) Hardware.
- b) Anwendersoftware.
- c) Systemsoftware.
- d) Standardsoftware.

Frage 8: Welche Aussagen sind richtig?

- a) Der Mikroprozessor kann nur die beiden Zustände „Strom an" und „Strom aus" unterscheiden.
- b) Alle eingegebenen Daten werden zur Festplatte geleitet.
- c) Systemsoftware ist eine Software, die dazu dient, den Computer überhaupt nutzen zu können.
- d) Eine Programmdokumentation ist eine Anleitung zum Umgang mit Hardware.

Frage 9: Wie viele Bytes benötigt die Adresse: Eichenweg 8?

- a) 8 Bytes
- b) 9 Bytes
- c) 10 Bytes
- d) 11 Bytes

Kreuzworträtsel Nr. 1

Senkrecht:

1. Alle sonstigen Zeichen, die weder Buchstaben noch Zahlen sind
2. Ort, an den alle eingegebenen Daten geleitet werden
3. Fachwort für die Tatsache, dass man einen Computer für eine Vielzahl von Aufgaben einsetzen kann
4. Programme, die nur dazu dienen, den Computer nutzen zu können
6. Ein Verfahren, das festlegt, wie man die Buchstabensprache des Menschen in die Sprache des Computers (und zurück) verwandelt
7. Daten, die sich häufig ändern oder immer wieder neu entstehen
8. Daten, die sich selten oder nie ändern

Waagerecht:

5. Abkürzung für den Amerikanischen Standardzeichensatz zum Informationsaustausch (engl.)
9. Wichtigstes Merkmal der automatisierten Datenverarbeitung

2 Aufbau und Arbeitsweise eines Computersystems

2.1 Das Aufbauprinzip eines Computers

Ein Computer besteht aus vielen Bauteilen, die alle eine unterschiedliche Aufgabe haben und von sehr unterschiedlicher Qualität sein können. Im Folgenden ist ein Auszug aus einem Computerprospekt abgebildet.

Begriff	Super PC	Mega PC	Bewertung
Mikroprozessor	Intel Core i7 11700 Prozessor 8 x 2,5 GHz	Intel Core i5 10400 Prozessor 6 x 2,9 GHz	
Hauptplatine	Hauptplatine für Intel i7	Hauptplatine für Intel i5	
Arbeitsspeicher	32 GB Arbeitsspeicher	16 GB Arbeitsspeicher	
Festplatte	1 TB Festplatte SSD	2 TB Festplatte mit 7200 rpm	
USB-Anschluss	4 x 3.2	6 x 4.0	
Blu-ray-Laufwerk	ja	nein	
DVD-Brenner	DVD-Brenner DVD 8/4/24	DVD-Brenner DVD 12/8/32	
Netzwerkkarte	LAN-Netzwerkkarte	LAN-Netzwerkkarte	
Grafikkarte	2048 MB Grafikkarte	4096 MB Grafikkarte	
Betriebssystem	Windows 11	Windows 11	

1. Erklären Sie die Ihnen bereits bekannten Bestandteile aus dem obigen Computerprospekt. (Die Spalte Bewertung wird später benötigt.)

2.1.1 Aufbau der Zentraleinheit

Wie bereits gezeigt, findet die Verarbeitung der Daten bei einem Computer im Mikroprozessor statt. Zur Wiederholung wird noch einmal festgestellt: Ein Bit mit dem Zustand 0 bedeutet, dass im Mikroprozessor kein Strom fließt, ein Bit mit dem Zustand 1 bedeutet, dass Strom fließt. Der Mikroprozessor arbeitet also bekanntermaßen nach dem Prinzip „Strom an“ bzw. „Strom aus“.
Die Geschwindigkeit – sozusagen der „Puls“ –, mit der ein Mikroprozessor arbeitet, wird in Hertz gemessen. Die Hertz-Zahl gibt an, wie viele Rechenschritte der Prozessor pro Sekunde ausführen kann (also, wie oft er sich an- und ausschaltet). Die gegenwärtig aktuellen Mikroprozessoren haben eine Hertz-Zahl von 2,8 bis 4,0 Gigahertz (1 Gigahertz = 1 000 000 000 Rechenschritte pro Sekunde). Im Allgemeinen gilt: Je höher die Hertz-Zahl eines Mikroprozessors ist, desto besser ist der Mikroprozessor.
Der **Mikroprozessor** besteht aus zwei Teilen, dem **Steuerwerk** und dem Rechenwerk. (Man kann diese Teile nicht sehen.) Das Steuerwerk steuert und überwacht die Verarbeitung des gerade aktiven Programms (z. B. Word) und der dazugehörigen Daten. Es sagt sozusagen, was mit den Daten gemacht werden soll, z. B. ob damit gerechnet werden soll

oder ob die Daten ausgedruckt werden sollen usw. Das **Rechenwerk** führt dann die Rechenbefehle des Steuerwerks aus. (Das Rechenwerk löst also z. B. mathematische Aufgaben wie 3 + 5 = 8.)
Der Mikroprozessor bildet zusammen mit dem Arbeitsspeicher (= Hauptspeicher) und den Bussen die sogenannte Zentraleinheit (CPU = **C**entral **P**rocessor **U**nit). Die meisten Computer verfügen heutzutage über mehrere Mikroprozessoren.
Im **Arbeitsspeicher** werden das aktive Programm, die Eingabedaten und die Ausgabedaten bis zur Speicherung auf einem externen Speicher (z. B. Festplatte) oder bis zur Ausgabe auf einem Ausgabegerät (z. B. Monitor) abgespeichert. Die momentan aktuellen Arbeitsspeicher haben eine Größe von 6 bis 12 Gigabytes.
Die Datenübertragungsleitungen zwischen den einzelnen Teilen der Zentraleinheit werden als Datenbusse (Einzahl: Bus) bezeichnet. Sie übertragen die Daten der einzelnen Bestandteile der Zentraleinheit.

---

1. Lösen Sie die folgenden Aufgaben.

Erklärung	Lösungswort
a) Leitungen, die in der CPU Daten übertragen, nennt man:	
b) Die Maßeinheit, in der die Arbeitsgeschwindigkeit eines PC gemessen wird, heißt:	
c) Der Bestandteil des Mikroprozessors, der die Verarbeitung der Daten und des Programms überwacht, heißt:	
d) Mikroprozessor, Arbeitspeicher und Busse zusammen ergeben die:	
e) Werk, das die Rechenbefehle des Steuerwerks ausführt:	
f) Der Speicher, der das gerade aktive Programm und die dazugehörigen Daten speichert, heißt:	

2. Bestimmen Sie in Ihrer Klasse eine Mitschülerin, die die Rolle des Rechenwerkes einnimmt, und verteilen Sie weiter folgende Rollen: Eine Person ist die Tastatur, eine Person der Monitor, eine Person der Hauptspeicher, eine Person der Bus. Die Lehrkraft ist das Steuerwerk. Sämtliche Datenübertragungen werden durch den Bus durchgeführt, der durch den Klassenraum läuft. Lösen Sie jetzt die Rechenaufgabe 3 + 5 = ? Schritt für Schritt (*keine schriftliche Lösung*).

3. Tragen Sie die im Text fett gedruckten Begriffe so in die folgende Übersicht ein, dass sich eine sinnvolle Übersicht ergibt.

<table>
<tr><th colspan="3">Zentraleinheit</th></tr>
<tr><td colspan="2"></td><td></td></tr>
<tr><td></td><td></td><td></td></tr>
</table>

2.1.2 Hauptplatine und Speicherarten

Die Hauptplatine

Die Zentraleinheit und ihre Bestandteile wurden bereits dargestellt. Wie aber ist die Zentraleinheit in den Computer eingebaut? Dazu dient die sogenannte Hauptplatine. Sie ist vergleichbar mit dem Rahmen eines Fahrrads, an dem alle anderen wichtigen Teile befestigt werden. Auf der Hauptplatine befinden sich viele Busse und Steckvorrichtungen zum Anschluss der anderen Teile eines PCs. Die Qualität von Hauptplatinen unterscheidet sich heutzutage nicht besonders.

Computerspeicher

Sie haben bereits einige Speichergeräte wie Festplatte oder CD kennengelernt. In der Datenverarbeitung wird versucht, Computerspeicher nach unterschiedlichen Gesichtspunkten einzuteilen. Diese Einteilung ist manchmal logisch, manchmal jedoch recht willkürlich! Computerspeicher werden hauptsächlich nach drei unterschiedlichen Gesichtspunkten unterteilt:

Interne Speicher und externe Speicher

Interne Speicher: Speicher, die direkt auf der Hauptplatine montiert sind (intern = innen), dazu gehört auch der Arbeitsspeicher, auch Hauptspeicher genannt.
Externe Speicher: Speicher, die sich außerhalb der Zentraleinheit befinden (extern = außen), aber trotzdem in das Computergehäuse eingebaut sein können, es aber nicht müssen, z. B. Festplatte. (Externe Speicher werden später noch ausführlich besprochen.)

ROM-Speicher, RAM-Speicher und Speicher, die man weder zu den reinen ROM-noch zu den reinen RAM-Speichern zählen kann

ROM-Speicher (Read Only Memory): Speicher, deren Inhalt nur gelesen werden kann. Sie können nur einmal beschrieben, aber unbegrenzt gelesen werden. Beim Ausschalten geht ihr Inhalt nicht verloren.
RAM-Speicher (Random Access Memory): Der Arbeitsspeicher ist ein RAM-Speicher, d. h., er kann beliebig oft gelesen und beschrieben werden. Man kann von ihm sowohl Informationen abrufen als auch neue darauf speichern. Seine Besonderheit ist, dass der Speicherinhalt verloren geht, wenn man den Strom abschaltet.
Speicher, die man weder zu den ROM-noch zu den RAM-Speichern zählen kann: Dazu zählen alle Speicher, die man wiederbeschreiben kann und deren Inhalt nicht durch das Stromabschalten verloren geht, z. B. Festplatte, wiederbeschreibbare CD, wiederbeschreibbare DVD, Blu-ray, Flash-Speicher (USB-Sticks).

Festspeicher und flüchtige Speicher

Festspeicher: Ihr Speicherinhalt geht durch das Stromabschalten nicht verloren.
Flüchtiger Speicher: Ihr Inhalt geht durch das Stromabschalten verloren.

1. Was unterscheidet einen externen Speicher von einem internen Speicher?

2. Was unterscheidet einen RAM-Speicher von einem ROM-Speicher?

3. Was ist die Besonderheit von Speichern, die weder zu den RAM-noch zu den ROM-Speichern zählen?

4. Was unterscheidet einen flüchtigen Speicher von einem Festspeicher?

Kreuzworträtsel Nr. 2

Senkrecht:

1 Ihr Speicherinhalt geht durch das Stromabschalten nicht verloren
2 Kleines Bauteil des Computers, in dem die Datenverarbeitung stattfindet
5 Steuert und überwacht die Verarbeitung des gerade aktiven Programms und der dazugehörigen Daten
10 Fachwort für „innen“

Waagerecht:

3 Bezeichnung für Mikroprozessor, Busse und Arbeitsspeicher zusammen
4 Leitung, die in der CPU Daten überträgt
6 Geht durch das Stromabschalten verloren
7 Abkürzung für Speicher, der nur gelesen werden kann
8 Dient dem Einbau der Zentraleinheit und anderer Computerbestandteile
9 Speicher, der beliebig oft gelesen und beschrieben werden kann, Speicherinhalt geht verloren, wenn man den Strom abschaltet
11 Bestandteil der Zentraleinheit, in der gerechnet wird
12 Fachwort für „außen“

Speichergrößen

Sie kennen schon die Einheiten Bit und Byte und wissen, dass ein Byte 8 Bits hat. Sie wissen auch, dass genau ein Byte benötigt wird, um ein alphanumerisches Zeichen, z. B. einen Buchstaben, darzustellen. Von Kilobyte, Megabyte und Gigabyte haben Sie auch schon gehört. Was ist aber nun wie groß? Was heißt es, wenn man sagt, eine Festplatte habe eine Speichergröße (Fachwort: Speicherkapazität) von 10 Gigabyte? Das werden Sie jetzt herausfinden. Dazu die folgende Information[1]:

1 Kilobyte (KB)	= 1 000 Bytes		
1 Megabyte (MB)	= 1 000 Kilobytes	= 1 000 000 Bytes	
1 Gigabyte (GB)	= 1 000 Megabytes	= 1 000 000 Kilobytes	= 1 000 000 000 Bytes
1 Terabyte (TB)	= 1 000 Gigabytes	= 1 000 000 Megabytes	= 1 000 000 000 Kilobytes
	= 1 000 000 000 000 Bytes		

Fall: Dr. Sommerfeld, in dessen Praxis Sie nun arbeiten wollen, hat seine medizinischen Tipps gegen Krampfadern als Buch veröffentlicht, Titel „Tschüss Krampfadern!". Das Buch verkauft sich sehr gut. Jetzt möchte er dieses Buch auch auf CD-ROM veröffentlichen. Sein Buch hat 256 Seiten. Eine Seite hat 120 Zeilen. Eine Zeile hat 64 Zeichen.

5. a) Wie viele Bytes benötigt man, um eine Seite des Buches abzuspeichern?
Rechnung: Lösung:

b) Wie viele Bytes benötigt man, um das gesamte Buch abzuspeichern?
Rechnung: Lösung:

c1) Wie viele Kilobytes benötigt man für das Buch (gerundet)?
Rechnung: Lösung:

c2) Wie viele Megabytes benötigt man für das Buch (gerundet)?
Rechnung: Lösung:

d) Wie viele Bücher gleichen Umfangs müsste Dr. Sommerfeld schreiben, bevor eine CD-ROM (660 MB) voll ist? (Mit gerundetem Wert weiterrechnen)
Rechnung: Lösung:

e) Wie viele vollständige Bücher der obigen Art fasst ...
e1) eine DVD mit 4,7 GB?
Rechnung: Lösung:

e2) eine Festplatte mit 4 TB?
Rechnung: Lösung:

1 *Für Fachleute: Es hat sich eingebürgert, für die Speichergrößen von Datenträgern die 1 000er-Einheiten zu benutzen, bei Hauptspeichergrößen verwendet man allerdings weiterhin unter gleichem Namen die 1 024-Einheiten, sodass es zu Missverständnissen kommen kann.*

2.2 Externe Speicher

Bisher haben Sie schon etwas von externen Speichern gehört. Wie aber funktionieren diese Speicher eigentlich?

2.2.1 Magnetische Speicher

Auch bei der Speicherung von Daten besteht das Problem, dass nur mit Bits gearbeitet werden kann. Es wird ein Speicher benötigt, der genau zwei Zustände, nämlich „Strom an“ und „Strom aus“, abspeichern kann. Ganz stark vereinfacht kann man sich die Funktionsweise von magnetischen Speichern so vorstellen: Magnetische Speicher machen sich zunutze, dass ein Magnet einen Nordpol und einen Südpol hat. Will der Computer „Strom an“ speichern (in der Menschensprache eine 1), wird auf dem magnetischen Material im Speicher ein Nordpol erzeugt, will der Computer „Strom aus“ speichern (in der Menschensprache eine 0), wird ein Südpol erzeugt. Mit diesem Trick kann man also „Strom an“ und „Strom aus“ in Nordpol und Südpol verwandeln. (Ob nun „Strom an“ Nordpol oder Südpol ist, ist Vereinbarungssache und nicht wichtig, wichtig ist nur das Prinzip.) Aus einem Byte mit zusammen acht Einsen und Nullen ist jetzt ein Byte mit zusammen achtmal Nordpol bzw. Südpol geworden.

1. Welches Problem besteht auch bei der Speicherung von Daten?

2. Welche Art von Speicher wird benötigt?

3. Was machen sich magnetische Speicher zunutze?

4. Was passiert auf dem magnetischen Material, wenn der Computer „Strom an“ speichern will?

5. Wie wird ein Byte auf der Festplatte abgespeichert?

Festplatten mit magnetischem Speicher (HDD)

Eine Festplatte enthält heute jeder neue Computer. Sie ist in der Regel fest in den Computer eingebaut. Eine Ausnahme bilden sogenannte Wechselplatten, die man aus dem Computergehäuse herausnehmen kann oder die man über ein Kabel an den Computer anschließt. Aus diesem Grund spricht man auch von einem Festplattenlaufwerk. (Ein Laufwerk ist ein Gerät, in das man Datenträger, z. B. CD-ROM, DVD usw., einlegt bzw. anschließt und das diese lesen kann.) Neben den hier behandelten Festplatten mit magnetischem Speicher gibt es auch Festplatten mit Flashspeicher, die später behandelt werden.

Jede Festplatte mit magnetischem Speicher besitzt einen sogenannten Schreib-Lese-Kopf, vergleichbar mit dem Arm eines Schallplattenspielers. Dieser liest die Daten von der Festplatte ein. Beim Schreiben werden die Daten auf die Festplatte geschrieben. Der Schreib-Lese-Kopf ist frei beweglich. Auf diese Weise kann jede Stelle der Festplatte schnell erreicht werden, das nennt man direkten Zugriff. Eine Festplatte hat mehrere Scheiben übereinander, auf die jeweils ein Schreib-Lese-Kopf zugreift. Festplatten haben in der Regel eine Speicherkapazität von über einem Terabyte. Die Umdrehungsgeschwindigkeit beträgt zwischen 5 400 und 7 200 Umdrehungen in der Minute (Abkürzung: rpm = rounds per minute). Wegen ihrer hohen Umdrehungsgeschwindigkeit dauert es nur kurze Zeit, bis der Computer die Daten, die er auf der Festplatte sucht, gefunden hat. Man sagt, dass die mittlere Zugriffsgeschwindigkeit (eine Maßeinheit, die besagt, wie schnell man Daten auf einem Speicher findet) hoch ist. Die Datenübertragungsrate (wie viele Bits bzw. Bytes pro Sekunde von einem Gerät zu einem anderen Gerät übertragen werden können) ist ebenfalls hoch. **Verwendung in der Praxis:** Sie dienen der kurzfristigen und langfristigen Programm- und Datenspeicherung auf dem PC.

---

6. Was ist das Besondere an Wechselplatten?

7. Was versteht man unter einem Laufwerk?

8. Welche Art Festplatten gibt es neben Festplatten mit magnetischem Speicher auch ?

9. Was versteht man unter der mittleren Zugriffsgeschwindigkeit?

10. Was versteht man unter der Datenübertragungsrate?

11. Füllen Sie die Spalte *Festplatte (magnetisch)* in der Übersicht auf Seite 30 aus.

Magnetbandlaufwerke (Streamer)

Magnetbänder funktionieren nach dem gleichen Prinzip wie Musikkassetten. Zum Übertragen der Daten werden die Magnetbänder in ein spezielles Bandlaufwerk (vergleichbar einem Kassettenrekorder) eingelegt. Ein nichtbeweglicher Schreib-Lese-Kopf schreibt und liest die Daten des Magnetbandes. Auf diese Weise ist ein direkter Zugriff auf die Daten nicht möglich. Das Band muss im Bandlaufwerk immer erst an die entsprechende Stelle gespult werden (= indirekter Zugriff), von der die Daten gelesen werden sollen. Bandlaufwerke verfügen in der Regel über eine Speicherkapazität von 400 GB bis 6 TB. Die mittlere Zugriffsgeschwindigkeit ist äußerst niedrig, die Datenübertragungsrate ist hoch. Für Bandlaufwerke wird auch das englische Wort „Streamer“ benutzt.

Verwendung in der Praxis: ausschließlich zur Datensicherung

12. Nach welchem Prinzip funktionieren Magnetbänder?

13. Was liest die Daten des Magnetbands?

14. Warum ist ein direkter Zugriff auf die Daten nicht möglich?

15. Welche englische Wort wird auch für Magnetbandlaufwerke benutzt?

16. Füllen Sie die Spalte Magnetband in der Übersicht auf Seite 30 aus.

2.2.2 Flashspeicher (elektronische Speicher)

Auch Flashspeicher müssen die beiden Grundzustände „Strom an“ bzw. „Strom aus“ abspeichern können. Ganz vereinfacht kann man sich die Funktionsweise eines Flashspeicher so vorstellen: Ein Flashspeicher hat unglaublich viele kleinste Zellen, die entweder belegt oder leer sind[1]. Sind die Zellen belegt, dann wird eine Eins gelesen, sind sie leer, dann wird eine Null gelesen. Flashspeicher sind sozusagen riesige Hotels mit Zimmern, die entweder belegt oder leer sind.

1. Welche beiden Grundzustände müssen Flashspeicher abspeichern können?

1 *Die Zellen enthalten Elektronen oder nicht.*

2. Wie kann man sich ganz vereinfacht die Funktionsweise eines Flashspeicher vorstellen?

3. Was passiert, wenn die Zellen belegt sind, was, wenn sie leer sind?

USB-Sticks

Ein USB-Stick ist ein Flashspeichergerät, das in einen USB-Anschluss eingesteckt wird. Der Zugriff erfolgt direkt. Durch ihre große Speicherkapazität und hohe Zugriffsgeschwindigkeit haben sie andere Speichermedien wie Diskette oder CD-RW verdrängt. USB-Sticks haben eine hohe Datenübertragungsrate. Die aktuellen Betriebssysteme erkennen USB-Sticks automatisch. Nach Angaben der Herstellfirmen bleiben auf USB-Stick gespeicherte Daten bis zu zehn Jahre lang erhalten. Mittlerweile gibt es Sticks mit einer Speicherkapazität von über 512 GB. Ein USB-Stick kann auch so gesichert werden, dass er nur von berechtigten Personen ausgelesen werden kann.

Verwendung in der Praxis: in erster Linie zur kurzfristigen Datensicherung

4. Was ist ein USB-Stick?

5. Warum haben USB-Sticks andere Speichermedien wie Diskette oder CD-RW verdrängt?

6. Was tun die aktuellen Betriebssysteme hinsichtlich USB-Sticks?

7. Wie lange bleiben nach Angaben der Herstellfirmen auf USB-Sticks gespeicherte Daten erhalten?

8. Wie kann ein USB-Stick gesichert werden?

9. Füllen Sie die Spalte *USB-Stick* in der Übersicht auf Seite 30 aus.

Flashspeicher-Festplatten (SSD)

Eine Flashspeicher-Festplatte ist einem USB-Stick vergleichbar, der fest in den PC eingebaut ist, aber einen etwas anderen und schnelleren Anschluss hat. Eine Flashspeicher-Festplatte

hat einen direkten Zugriff, eine sehr hohe mittlere Zugriffsgeschwindigkeit, eine sehr hohe Datenübertragungsrate und eine sehr hohe Speicherkapazität von über einem Terabyte.
Verwendung in der Praxis: Sie dienen der kurzfristigen und langfristigen Programm- und Datenspeicherung auf dem PC.

10. Womit ist eine Flashspeicher-Festplatte vergleichbar?

11. Welche vier Merkmale hat eine Flashspeicher-Festplatte?

12. Füllen Sie die Spalte Flashspeicher-Festplatten in der Übersicht auf Seite 30 aus.

2.2.3 Cloud-Speicher

Cloud-Speicher sind eine besondere Speicherform, bei denen die Daten nicht auf dem eigenen Gerät gespeichert werden. Die Daten, die gespeichert werden sollen, werden über das Internet zu sogenannten Cloud-Diensten geleitet. Die Cloud-Dienste speichern die Daten dann auf eigenen Computern, meistens auf Festplatten, ab. Die Übertragung über das Internet ist verschlüsselt, dies bedeutet, dass niemand die Datenübertragung vom eigenen PC zur Cloud mitlesen kann. Cloud-Speicher haben den Vorteil, dass man den Speicherplatz des eigenen Gerätes schonen kann und von beliebigen Endgeräten mit den entsprechenden Zugangsdaten Zugriff auf die gespeicherten Daten hat. Der Nachteil ist, dass die Dienste kostenpflichtig sind und man nicht auf die Daten zugreifen kann, wenn keine Internetverbindung besteht.

1. Warum sind Cloud-Speicher eine besondere Speicherform?

2. Wohin werden die Daten, die gespeichert werden sollen, geleitet?

3. Wo speichern die Cloud-Dienste die Daten dann ab?

4. Was bedeutet es, wenn die Übertragung der Daten über das Internet verschlüsselt ist?

5. Welche Vorteile haben Cloud-Speicher?

6. Welchen Nachteil haben Cloud-Speicher?

7. Füllen Sie die Spalte *Cloud-Speicher* in der Übersicht auf Seite 30 aus.

2.2.4 Optische Speicher

CD – Funktionsweise

Bisher haben Sie u. a. Datenträger kennengelernt, die durch magnetische Verfahren Daten gespeichert haben. Die CD-ROM (Compact Disc, Read Only Memory) funktioniert nach einem ganz anderen Prinzip. Sie ist ein sogenannter optischer Speicher und funktioniert genauso wie eine Musik-CD.

Eine CD ist eine Kunststoffscheibe, die mit einem spiegelnden (= reflektierenden) Material beschichtet ist. Ganz stark vereinfacht kann man sich die Funktionsweise von optischen Speichern folgendermaßen vorstellen: Möchte man „Strom an" speichern, dann brennt man eine ganz kleine Vertiefung in das reflektierende Material, möchte man „Strom aus" speichern, dann lässt man das reflektierende Material, wie es ist.

Damit man nun eine CD überhaupt lesen kann, benötigt man noch einen ganz winzigen Laserstrahl (Lichtstrahl) und eine lichtempfindliche Fotozelle, die beide im CD-Laufwerk eingebaut sind. Die Vertiefungen reflektieren den Laserstrahl anders als Stellen ohne Vertiefung. Es gibt also jetzt zwei unterschiedliche Arten der Lichtreflexion. Eine Fotozelle nimmt nun die beiden unterschiedlichen Arten der Reflexion auf und deutet die eine Art als 0, die andere als 1. Somit werden aus „Strom an" und „Strom aus" unterschiedliche Arten von Reflexionen.

1. Womit ist eine CD beschichtet?

2. Was tut man, wenn man auf einer CD „Strom an" speichern möchte?

3. Was tut man, wenn man auf einer CD „Strom aus" speichern möchte?

4. Welche beiden wichtigen Bestandteile eines CD-Laufwerks benötigt man, damit man die CD überhaupt lesen kann?

5. Was machen die Vertiefungen in der CD mit dem Laserstrahl?

6. Was macht die Fotozelle mit den unterschiedlichen Arten der Lichtreflexion?

CD-ROM-Laufwerke, CD-Brenner

Die ersten CDs hatten eine willkürlich festgelegte Umdrehungsgeschwindigkeit, die einfache Umdrehungsgeschwindigkeit. Heutzutage hat man diese Geschwindigkeit auf das über 50-Fache erhöht. CDs haben eine Speicherkapazität von ca. 700 MB und bieten direkten Zugriff. Die mittlere Zugriffsgeschwindigkeit kann man als mittelmäßig bezeichnen, die Datenübertragungsrate ist ebenfalls nur mittelmäßig. Ursprünglich konnte man nur fertig beschriebene CDs kaufen. Dann kamen einmal beschreibbare CD-Rohlinge auf, die man mit einem CD-Brenner selbst einmal beschreiben konnte, sogenannte CD-Rs. CD-Brenner funktionieren wie CD-Laufwerke. Sie sind jedoch zusätzlich in der Lage, leere CDs zu beschreiben. Inzwischen wurden CDs entwickelt, die man mehrmals beschreiben kann, sogenannte CD-RWs (CD rewritable, sprich: rireitebel). Bei CD-Brennern wird immer angegeben, wie schnell sie einen leeren CD-Rohling beschreiben können, wie schnell sie eine wiederbeschreibbare CD wiederbeschreiben können und wie schnell sie eine beschriebene CD lesen können. Das sieht dann z. B. so aus: 40/12/42.

Verwendung in der Praxis: CDs werden zum Aufspielen von neuen Programmen oder für Updates verwendet. Mittlerweile sind sie auch eine preiswerte Alternative für die Datensicherung.

7. Füllen Sie die Spalte *CD* in der Übersicht auf Seite 30 aus.

DVD (Digital Versatile Disc) und Blu-ray-Disc

Die DVD ist eine Weiterentwicklung der CD. Sie funktioniert nach dem gleichen Prinzip wie eine CD, kann jedoch bis zu 4,7 GB Daten speichern. Neben reinen DVD-Laufwerken, die DVDs nur lesen können, gibt es auch DVD-Brenner, die ähnlich wie CD-Brenner funktionieren. Sie können meistens sowohl CDs lesen und brennen wie auch DVDs lesen und brennen. Bei DVD-Brennern wird auch immer angegeben, wie schnell sie leere DVD-Rohlinge (DVD-R) beschreiben können, wie schnell sie DVD-RWs beschreiben können und wie

schnell sie DVDs lesen können. Das Gleiche ist dann noch einmal für CDs angegeben. Die Blu-ray-Disc ist eine Weiterentwicklung der DVD mit noch größerer Speicherkapazität. Sie erfordert eigene Abspielgeräte und Brenner, die wiederum fast immer auch DVDs und CDs lesen und beschreiben können.
Verwendung in der Praxis: Wie CDs

Vergleich Speicher

Bitte arbeiten Sie bei Speicherkapazität, mittlere Zugriffsgeschwindigkeit und Datenübertragungsrate nicht mit konkreten Werten, sondern nur mit Wörtern wie niedrig, mittel, hoch, sehr hoch.

	Festplatte magnetisch	Magnetband	USB-Stick	Flashspeicher-Festplatte	Cloud-Speicher	CD
Speichertechnik						
Speicherkapazität						
Zugriffsart						
Mittl. Zugriffsgeschwindigkeit						
Datenübertragungsrate						
Mobilität						
Einsatzgebiete Praxis						

8. Wie funktioniert ein magnetischer Speicher?

9. Wie funktioniert ein optischer Speicher?

10. Wie funktioniert ein elektronischer Speicher?

Frage 1: Welche Aufgabe hat das Steuerwerk?

- a) Steuert die Nutzenden durch das gerade aktive Programm und die dazugehörigen Daten.
- b) Steuert die Maus über den Bildschirm.
- c) Steuert und überwacht die Verarbeitung des gerade aktiven Programms und der dazugehörigen Daten.
- d) Überträgt die Daten zwischen den einzelnen Teilen der Zentraleinheit.

Frage 2: Welche Aussage zum magnetischen Speicher ist richtig?

- a) Die elektrischen Bits „Strom an" und „Strom aus" werden in magnetische Bits umgewandelt.
- b) Es werden Vertiefungen in das magnetisierbare Material gebrannt.
- c) Magnetische Speicher sind mit einer lichtreflektierenden Schicht beschichtet.
- d) Das beschichtete Material ist immer eine Scheibe.

Frage 3: Welche Aussagen zur mittleren Zugriffsgeschwindigkeit bei einem Computerspeicher sind richtig?

- a) Sie sagt aus, wie schnell man einen Datenträger in ein Laufwerk einlegen kann.
- b) Sie ist die Maßeinheit für die Geschwindigkeit, mit der man Daten auf einem Datenträger findet.
- c) Die mittlere Zugriffsgeschwindigkeit bei einer CD-ROM ist wesentlich höher als bei einer Festplatte.
- d) Auch bei CD-Laufwerken kann man die mittlere Zugriffsgeschwindigkeit messen.

Frage 4: Die Zentraleinheit besteht aus ...

- a) Steuerwerk und Rechenwerk.
- b) Mikroprozessor, Bussen und Arbeitsspeicher.
- c) externem Speicher und Bussen.
- d) Computer, Bildschirm und Drucker.

Frage 5: Was misst die Maßeinheit Hertz?

- a) Die Anzahl der Rechenschritte eines PCs pro Sekunde
- b) Die Anzahl der Rechenschritte eines PCs in der Minute
- c) Die Größe der Speicherkapazität des Hauptspeichers
- d) Die mittlere Zugriffsgeschwindigkeit

Frage 6: Ein ROM-Speicher ist ein Speicher, dessen Speicherinhalt ...

- a) beliebig oft beschrieben und beliebig oft gelesen werden kann.
- b) nur einmal beschrieben und auch nur einmal gelesen werden kann.
- c) nur einmal beschrieben, aber beliebig oft gelesen werden kann.
- d) beim Lesen verloren geht.

Frage 7: Ein flüchtiger Speicher ist ein Speicher, dessen Inhalt ...
- a) auch nach dem Stromabschalten erhalten bleibt.
- b) nach dem Stromabschalten verloren geht.
- c) nur ganz bestimmten Personen zugänglich ist.
- d) niemals ausgedruckt werden kann.

Frage 8: Welche Aussage zur Datenübertragungsrate ist richtig?
- a) Sie gibt an, ob ein Datenträger mobil ist.
- b) Die Datenübertragungsrate einer Festplatte ist niedriger als die einer CD-ROM.
- c) Sie gibt an, wie viele Bytes pro Sekunde von einem Datenträger gelesen werden können.
- d) Datenübertragungsraten gibt es nur bei magnetischen Speichern.

Frage 9: Was sind magnetische Speicher?
- a) RAM-Speicher
- b) DVD
- c) Bandlaufwerk
- d) Festplatte

Frage 10: Welche Aufgabe hat die Hauptplatine eines Computers?
- a) Sie dient hauptsächlich der Speicherung von wichtigen Daten.
- b) Über sie werden alle Bestandteile des Computers miteinander verbunden.
- c) Sie schützt die Bestandteile des Computers vor Staub.
- d) Sie beschleunigt die Arbeit mit dem PC.

Frage 11: Die Reihenfolge von der kleineren Einheit zur größeren lautet:
- a) Bytes – Kilobytes – Megabytes
- b) Kilobytes – Gigabytes – Megabytes – Terabytes
- c) Megabytes – Kilobytes – Gigabytes
- d) Kilobytes – Megabytes – Gigabytes – Terabytes

Frage 12: Welche Aussagen zur Funktionsweise von optischen Speichern sind richtig?
- a) Sie benötigen einen Laserstrahl, damit sie gelesen werden können.
- b) Sie besitzen eine magnetisierbare Beschichtung.
- c) Jedes CD-ROM-Laufwerk besitzt eine Fotozelle.
- d) Sie benötigen einen Datenträger, der mit magnetisierbarem Material beschichtet ist.

Frage 13: Welche Aussagen zum CD-Brennen sind richtig?
- a) Eine CD-R ist eine mehrmals wiederbeschreibbare CD.
- b) Ein CD-Brenner mit den Angaben 42/12/48 kann eine bereits beschriebene wiederbeschreibbare CD mit 12-facher Geschwindigkeit wiederbeschreiben.
- c) Ein CD-Brenner kann auch DVDs lesen.
- d) CD-Brenner brennen kleine Vertiefungen in die CD-Rohlinge.

Frage 14: Welche Aussagen zu Blu-ray-Discs sind richtig?
- a) Eine Blu-ray-Disc ist eine große Festplatte.
- b) Eine Blu-ray-Disc hat eine wesentlich höhere Speicherkapazität als eine DVD.
- c) Eine Blu-ray-Disc ist ein optischer Speicher.
- d) Eine Blu-ray-Disc bietet indirekten Zugriff.

Frage 15: Welche Aussagen sind richtig?

- a) USB-Sticks haben eine hohe Datenübertragungsrate.
- b) USB-Sticks können gegen unberechtigten Zugriff gesichert werden.
- c) USB-Sticks zählen zu den magnetischen Speichern.
- d) Ein USB-Stick kann leicht verloren gehen.

Kreuzworträtsel Nr. 3

Senkrecht:

1 Speicherart, die mit Licht gelesen wird
2 Speicher mit sehr hoher Speicherkapazität
3 Speichergerät mit sehr niedriger mittlerer Zugriffszeit
4 Benötigt man zum Lesen der Daten in einem CD-ROM-Laufwerk
5 Englisch: wiederbeschreibbar
7 Speicherart, die Nordpol und Südpol aufweist
8 CD, bevor sie beschrieben wird
10 Speicher mit sehr niedriger Speicherkapazität

Waagerecht:

6 Englisch: Bandlaufwerk
9 Widerspiegelung einer sichtbaren Strahlung
10 Zugriffsart (schnell)
11 Nimmt den Laserstrahl auf
12 Beschreibt CD-Rs bzw. CD-RWs

2.3 Drucker

Bisher wurden nur die Teile eines Computers behandelt, die im Computergehäuse eingebaut sind. Jetzt soll der Drucker einmal genauer betrachtet werden. Die drei wichtigsten Druckerarten sind Nadeldrucker, Tintenstrahldrucker und Laserdrucker.

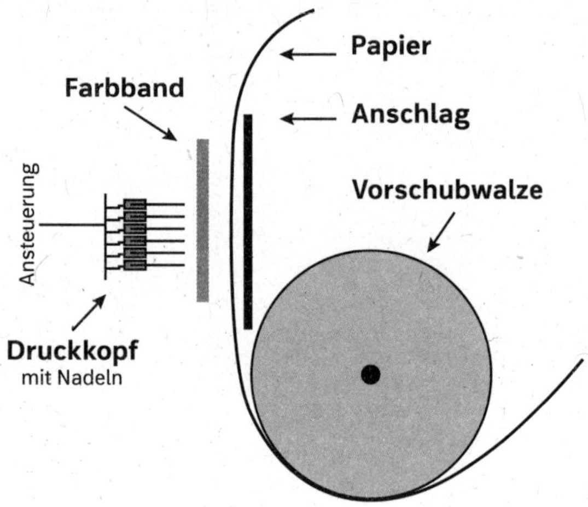

2.3.1 Nadeldrucker

Der Nadeldrucker besitzt einen beweglichen Druckkopf (die eigentliche Druckvorrichtung) mit winzigen Nadeln. Diese Nadeln schlagen auf ein Farbband. Die getroffenen Stellen übertragen ihre Farbe auf das Papier, ein winziger schwarzer Punkt auf dem Papier entsteht. Jeder Buchstabe muss also aus vielen kleinen Punkten aufgebaut werden. Je nachdem, wie viele Nadeln ein Drucker hat, spricht man auch von 9-Nadel- oder 24-Nadel-Druckern. Je mehr Nadeln ein Drucker besitzt, desto schneller und schöner kann er drucken. Lässt die Deutlichkeit des Druckes nach, muss das Farbband ersetzt werden.

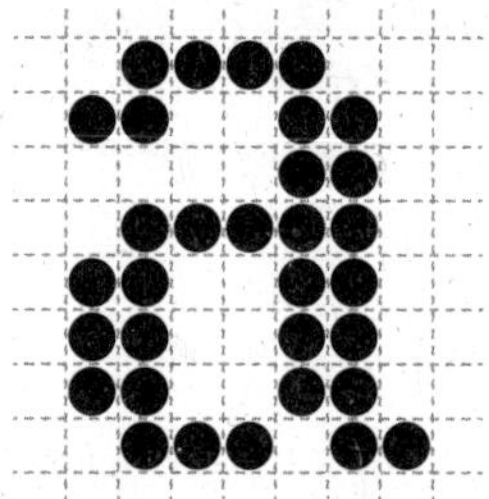

2.3.2 Tintenstrahldrucker

Der Tintenstrahldrucker besitzt eine oder mehrere Tintenpatronen (schwarze Tintenpatrone und Farbtintenpatronen). Winzige Düsen in diesen Patronen spritzen kleine Tintenpunkte auf das Papier. Ein Buchstabe besteht also aus vielen kleinen Tintenpunkten. Lässt die Deutlichkeit des Druckes nach, muss die Tintenpatrone ausgetauscht werden. Tintenstrahldrucker können mit Farbpatronen auch farbig drucken.

2.3.3 Laserdrucker

Die Art, wie ein Laserdrucker druckt, ist etwas komplizierter und soll hier nur sehr grob beschrieben werden. Ein im Laserdrucker eingebauter Laserstrahl schreibt das, was gedruckt werden soll, auf das zu bedruckende Papier unsichtbar vor. Dann wird auf das zu bedruckende Papier Toner aufgetragen. Der Toner bleibt aber nur an den Stellen haften, die der Laser beschrieben hat. Der Toner wird dann an diesen Stellen in das Papier eingebrannt, deshalb sind Laserausdrucke auch immer warm, wenn sie frisch aus dem Drucker kommen. Lässt die Deutlichkeit des Druckes nach, muss die Tonerkartusche ausgetauscht werden.

Fall: Dr. Sommerfeld möchte für die Praxis einen neuen Drucker anschaffen. Dazu hat Dr. Sommerfeld mehrere Druckerprospekte zusammengetragen (siehe Seite 35/36). Gemeinsam mit Ihnen, dem Praxisteam, möchte Dr. Sommerfeld entscheiden, welcher Drucker angeschafft werden soll. In einem Computerlexikon hat Dr. Sommerfeld auch schon die wichtigsten Begriffe nachgeschlagen.

1. Lesen Sie den Lexikonauszug und die drei Druckerprospekte. Tragen Sie anschließend die gefundenen Werte in die Übersicht auf Seite 37 unten ein. Bewerten Sie dann die gefundenen Angaben in den mit dem Buchstaben B gekennzeichneten Feldern. Die Bewertungen könnten z. B. lauten: gut, mittel, schlecht, hoch, mittel, niedrig usw.

Lexikonauszug: Drucker

Papierformat Gibt die Größen des benutzbaren Papiers an, z. B. DIN A4, DIN A5 usw.

Manuelle Papierzufuhr Bedeutet, dass man einzelne Blätter von außen einlegen kann, ohne dass der Drucker auf seinen eigenen Papierspeicher zurückgreift.

Geräusch Wird angeben in dB (A) (= Dezibel [A]). Gibt an, wie laut ein Mensch ein Geräusch empfindet. Flüstern hat z. B. ca. 15 dB (A), Weckerticken ca. 30 dB (A), typische Bürogeräusche haben ca. 50 dB (A).

Auflösung Wird angegeben in dpi (= dots per inch [Zeichen pro Zoll]). Gibt an, wie viele Punkte ein Drucker pro Zoll drucken kann. Je höher dieser Wert ist, desto schärfer ist das Bild bzw. der Buchstabe.

300 dpi

200 dpi

50 dpi

Drucktechnik Gibt an, ob es sich um einen Nadeldrucker, Tintenstrahldrucker oder Laserdrucker handelt.

Seitenpreis Gibt an, wie teuer es ist, eine Seite mit diesem Drucker zu bedrucken. Es ist immer ein Durchschnittswert.

Garantie Gibt an, wie lange der Drucker kostenlos ersetzt wird, wenn er defekt ist.

Druckgeschwindigkeit Wird angegeben in ppm (= pages per minute [Seiten pro Minute]). Gibt an, wie viele einer bestimmten Art der Drucker pro Minute drucken kann. Man unterscheidet Qualitätsdruck (z. B. für Liquidationen) und Schnelldruck (z. B. um sich eine Seite probehalber anzusehen).

Der Pelidus Z 780, ein Tintenstrahldrucker, wie man sich ihn wünscht!
Überzeugen Sie sich selbst anhand der folgenden Leistungsdaten![1]

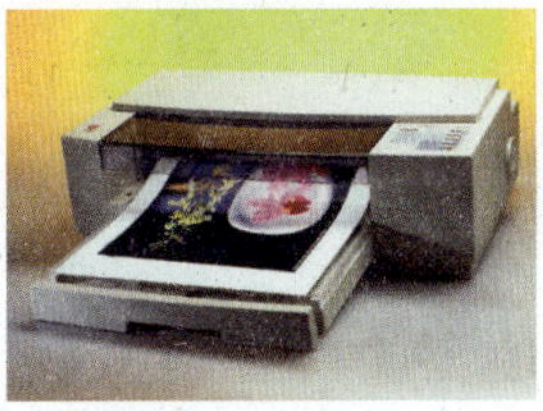

Hersteller	Pelidus
Preis	49,90 €
Papierformat	A4, A5
Manuelle Papierzufuhr	ja
Geräusch Stillstand	12 dB (A)
Geräusch Druck	46 dB (A)
Auflösung	4 800 x 1 200 dpi
Drucktechnik	Tinte
Seitenpreis Textdruck	1,4 Cent
Durchschläge	nein
Garantie	48 Monate
Druckgeschwindigkeit Schnelldruck (sw)	20 ppm
Druckgeschwindigkeit Qualitätsdruck (sw)	12 ppm

1 *Alle Druckernamen und Herstellfirmen sind frei erfunden. Die Angaben sind jeweils typisch für die dargestellten Druckerarten.*

Der Tauron KP 30, der Laserdrucker auch für Ihre Bedürfnisse! Mit diesen Leistungsdaten braucht er sich nicht zu verstecken![1]

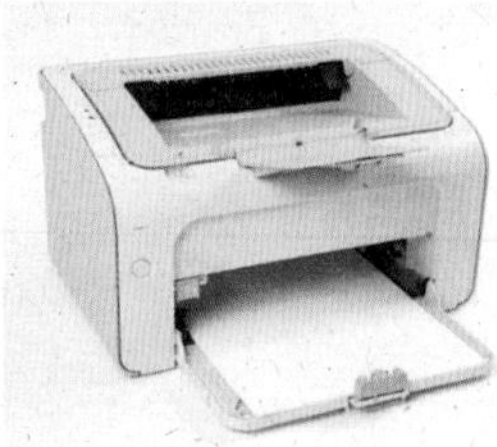

Hersteller	Tauron
Preis	134,90 €
Papierformat	A4
Manuelle Papierzufuhr	nein
Geräusch Stillstand	27 dB (A)
Geräusch Druck	49 dB (A)
Auflösung	2 400 x 600 dpi
Drucktechnik	Laser
Seitenpreis Textdruck	0,25 Cent
Durchschläge	nein
Garantie	24 Monate
Druckgeschwindigkeit Schnelldruck (sw)	12 ppm
Druckgeschwindigkeit Qualitätsdruck (sw)	8 ppm

Der Danaos VT 400, der Drucker, der druckt und druckt und druckt!
Hier seine überzeugenden Leistungsdaten![1]

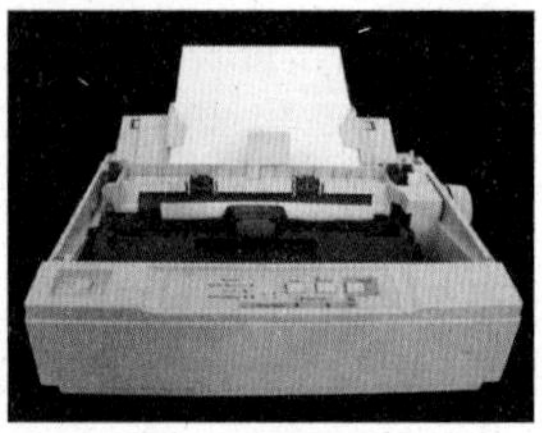

Hersteller	Danaos
Preis	ca. 350,00 €
Papierformat	alle Papierformate bis A4
Manuelle Papierzufuhr	ja
Durchschläge	5 Stück
Geräusch Druck	48 dB (A)
Geräusch Stillstand	10 dB (A)
Auflösung	240 x 144 dpi
Drucktechnik	Nadel
Seitenpreis Textdruck	0,02 Cent
Durchschläge	ja
Garantie	2 Jahre
Druckgeschwindigkeit Schnelldruck (sw)	7,5 ppm
Druckgeschwindigkeit Qualitätsdruck (sw)	1,5 ppm

1 *Alle Druckernamen und Herstellfirmen sind frei erfunden. Die Angaben sind jeweils typisch für die dargestellten Druckerarten*

Übersicht Druckervergleich

	Tintenstrahldrucker		Laserdrucker		Nadeldrucker	
Hersteller						
Produktname						
Preis		B.		B.		B.
Papierformat		B.		B.		B.
Manuelle Papierzufuhr		B.		B.		B.
Auflösung (dpi)		B.		B.		B.
Druckgeschwindigkeit Schnelldruck		B.		B.		B.
Druckgeschwindigkeit Qualitätsdruck		B.		B.		B.
Geräusch Stillstand		B.		B.		B.
Geräusch beim Druck		B.		B.		B.
Preis pro Seite		B.		B.		B.
Durchschläge		B.		B.		B.
Garantie		B.		B.		B.
Eignung für Praxis		B.		B.		B.

Frage 1: Welche Aussagen zum Nadeldrucker sind richtig?
- [ ] a) Der Nadeldrucker besitzt ein Farbband.
- [ ] b) Beim Nadeldrucker muss man regelmäßig den Toner wechseln.
- [ ] c) Je mehr Nadeln ein Nadeldrucker besitzt, desto schöner kann er drucken.
- [ ] d) Nadeldrucker können Durchschläge drucken.

Frage 2: Welche Aussagen zum Tintenstrahldrucker sind richtig?
- [ ] a) Tintenstrahldrucker zeichnen die Tinte mit einem Füller auf das Papier.
- [ ] b) Tintenstrahldrucker spritzen winzige Tintenkleckse aus Düsen auf das Papier.
- [ ] c) Tintenstrahldrucker können nur schwarz-weiß drucken.
- [ ] d) Tintenstrahldrucker können keine Durchschläge drucken.

Frage 3: Welche Aussagen zum Laserdrucker sind richtig?
- [ ] a) Der Laserdrucker spritzt mit einem Laserstrahl den Toner auf das Papier.
- [ ] b) Der Laserdrucker schreibt die Buchstaben unsichtbar auf das Papier vor und nur dort, wo der Laserstrahl das Papier bestrahlt hat, bleibt der Toner haften.
- [ ] c) Der Laserdrucker schreibt die Buchstaben unsichtbar auf das Papier vor und nur dort, wo der Laserstrahl das Papier nicht bestrahlt hat, bleibt der Toner haften.
- [ ] d) Wenn der Toner zu Ende geht, muss man die Tonerkartusche wechseln.

Frage 4: Welche Aussagen zur Auflösung bei Druckern sind richtig?
- [ ] a) Sie gibt an, wie schnell der Drucker defekt wird.
- [ ] b) Sie gibt an, wie viele Punkte ein Drucker pro Zoll druckt.
- [ ] c) Je höher die Auflösung ist, desto schärfer ist das Bild.
- [ ] d) Je geringer die Auflösung, desto größer ist die Schrift.

Frage 5: Welche Aussage zur Geräuschentwicklung bei Druckern ist richtig?
- [ ] a) Laserdrucker sind besonders laut, weil ihre Nadeln so laut hämmern.
- [ ] b) Die Einheit, in der die Lautstärke gemessen wird, heißt Dezibel (A).
- [ ] c) Wenn Drucker ausgeschaltet sind, ist ihre Lautstärke 0 Dezibel (A).
- [ ] d) Je lauter ein Drucker druckt, desto besser ist sein Schriftbild.

Frage 6: Welche Aussagen zur Druckgeschwindigkeit sind richtig?
- a) Die Druckgeschwindigkeit wird angegeben in Seiten pro Minute.
- b) Die Druckgeschwindigkeit der einzelnen Drucker ist unabhängig davon, wie schön sie drucken sollen.
- c) Die Druckgeschwindigkeit ist kein wichtiger Kaufgrund.
- d) Man unterscheidet Schnelldruck und Qualitätsdruck.

Frage 7: Welche Aussagen zum Seitenpreis sind richtig?
- a) Der Seitenpreis ist bei allen Druckerarten gleich hoch.
- b) Der Seitenpreis gibt an, wie teuer es ist, eine Seite bestimmten Typs auszudrucken.
- c) Der Seitenpreis hängt von der Anzahl der pro Druckvorgang ausgedruckten Seiten ab.
- d) Der Seitenpreis hängt auch davon ab, wie teuer Farbband, Druckpatronen bzw. Toner sind.

Frage 8: Welche Aussagen zum Papierformat sind richtig?
- a) Ein Praxisdrucker sollte auch immer das Papierformat A3 bedrucken können.
- b) Ein Drucker muss unterschiedliche Papierformate bedrucken können, weil Kassenformulare unterschiedliche Größen haben.
- c) Das Papierformat A5 ist größer als das Papierformat A4.
- d) Bei manueller Papierzufuhr kann man einzelne Blätter von außen einlegen.

Frage 9: Welche Aussage zur Garantie ist richtig?
- a) Garantie bedeutet, dass nie etwas am Drucker defekt wird.
- b) Garantie bedeutet, dass der Drucker im Schadensfall kostenlos repariert wird.
- c) Nach jedem Schadensfall fängt die Garantie wieder von vorn an zu laufen.
- d) Die Garantie ist eine Gebrauchsanleitung für einen Drucker.

Frage 10: Welche Aussage ist richtig?
- a) In einer Praxis ist es egal, ob ein Drucker Durchschläge drucken kann.
- b) In einer Praxis sollte ein Drucker immer neben dem Telefon stehen, um ihn gut erreichen zu können.
- c) In einer Praxis sollte darauf geachtet werden, dass der Drucker möglichst leise druckt.
- d) In der Praxis muss mindestens ein Drucker auch in Farbe drucken.

2.4 Monitore

Heutzutage kommen in einer Praxis nur noch sogenannte Flachbildschirme (TFT-Monitore) zum Einsatz. Sie sind handlich, leicht und augenschonend. Wie leistungsfähig ein Monitor sein kann, hängt auch wesentlich von der Qualität der Grafikkarte des Computers ab. Grafikkarten sind heutzutage meistens fest in der CPU eingebaut. Hochwertige PCs verfügen auch noch über eine eigene Grafikkarte, die auf die Hauptplatine in den Computer eingebaut ist.

TFT-Monitor

Fall: Dr. Sommerfeld möchte für die Praxis einen neuen Monitor anschaffen. Dazu hat Dr. Sommerfeld mehrere Monitorprospekte zusammengetragen (siehe Seite 40 unten). Gemeinsam mit Ihnen, dem Praxisteam, möchte Dr. Sommerfeld entscheiden, welcher Monitor angeschafft werden soll. In einem Computerlexikon hat Dr. Sommerfeld auch schon die wichtigsten Merkmale nachgeschlagen, die man bei einem Monitorkauf beachten sollte.

1. Lesen Sie den Lexikonauszug und tragen Sie die gefundenen Werte in die auf Seite 41 unten stehende Übersicht ein. Bewerten Sie anschließend die gefundenen Angaben in den mit dem Buchstaben B. gekennzeichneten Feldern. Die Bewertungen könnten z. B. lauten: gut, mittel, schlecht, hoch, mittel, niedrig usw.

Lexikonawuszug Monitor

Bildwiederhol-frequenz	Das Bild eines Monitors wird viele Male pro Sekunde erzeugt und erlischt dann sehr schnell wieder. Die Bildwiederholfrequenz gibt an, wie oft das Monitorbild pro Sekunde neu aufgebaut wird. Die heute üblichen Bildwiederholfrequenzen liegen bei 75 bis 120 Hertz (Hz). 75 Hertz bedeutet z. B., dass das Bild 75 Mal pro Sekunde neu aufgebaut wird. Bei einem TFT-Monitor reicht eine Wiederholfrequenz von 75 Hertz für ein flimmerfreies Bild.
Bildschirm-größe	Wird in Zoll (") gemessen und gibt an, wie groß der Bildschirm von links unten nach rechts oben ist (sogenannte Bildschirmdiagonale). Die gängigsten Bildschirmgrößen sind heutzutage 17 bis 23 Zoll. Ein Zoll entspricht ca. 2,5 cm.
Garantie	Gibt an, wie lange der Monitor kostenlos ausgetauscht oder repariert wird. Ein Monitor sollte mindestens 36 Monate Garantie haben.
Entspiegelung	Gibt an, wie gut ein Monitor gegen einfallendes, reflektierendes Licht am Bildschirm geschützt ist.
Kontrast	Der Kontrast gibt den Helligkeitsunterschied bei der Wiedergabe einer weißen und einer schwarzen Fläche auf dem Bildschirm an. Hoher Kontrast ermöglicht das Arbeiten am Monitor auch bei hellem Umgebungslicht. Je höher der Kontrast ist, desto besser ist der Monitor.
Dokumentation	Gibt an, ob eine Betriebsanleitung mitgeliefert wird.
Bildauflösung	Wird in Bildpunkten (Pixeln) gemessen. Das Bild, das wir auf dem Monitor sehen, ist aus vielen kleinen Punkten zusammengesetzt, ähnlich wie ein Drucker eine Seite bedruckt. Je höher die Anzahl der Punkte ist, desto schärfer ist das Bild. Zum Beispiel bedeutet eine Auflösung von 800 x 600 Bildpunkten, dass waagerecht 800 Bildpunkte und senkrecht 600 Bildpunkte dargestellt werden. Ein 17-Zoll-Monitor sollte mindestens eine Auflösung von 1 280 x 1 024 Pixeln haben. Bei TFT-Monitoren ist es so, dass diese nur bei einer ganz bestimmten Auflösung ein scharfes Bild zeigen.
Energieverbrauchs-kennzeichnung	Die Energieeffizienzklasse gibt an, ob ein Monitor einen eher hohen oder eher niedrigen Energieverbrauch hat. Die Energieeffizienzklasse A hat dabei den niedrigsten Stromverbrauch, die Energieeffizienzklasse G den höchsten.
Reaktionszeit	Gibt an, wie schnell ein Monitor das Bild wechseln kann. Je geringer die Reaktionszeit ist, desto schneller kann er ein neues Bild aufbauen. Die Reaktionszeit wird in Millisekunden gemessen. Ein durchschnittlicher TFT-Monitor hat eine Reaktionszeit von ca. 5-8 Millisekunden (ms).

Der Athletics Screaner II, der Monitor Ihrer Wahl. Hier seine überzeugenden Leistungsdaten:[1]

Hersteller	Athletics
Typ	Screener II
Monitorart	TFT
Bildwiederholfrequenz	75 Hertz
Reaktionszeit	4 ms
Bildschirmgröße	17 Zoll
Garantiedauer	2 Jahre
Entspiegelung	teil entspiegelt
Kontrast	500 : 1
Dokumentation	ausführlich auf Englisch
Bildauflösung	max. 1 280 x 1 024
Energieeffizienzklasse	G
Preis	149,00 €

Der Rhinestream Starscreen V, ein Monitor, wie es ihn kein zweites Mal gibt.[1]

Hersteller	Rhinestream
Typ	Starscreen V
Monitorart	TFT
Bildwiederholfrequenz	75 Hertz
Reaktionszeit	5 ms
Bildschirmgröße	17 Zoll
Garantiedauer	4 Jahre
Entspiegelung	voll entspiegelt
Kontrast	1000 : 1
Dokumentation	ausführlich auf Deutsch
Bildauflösung	max. 1 280 x 1 024
Energieeffizienzklasse	F
Preis	189,00 €

Der Highway Frappant 4, eine Lösung, die ihresgleichen sucht.[1]

Hersteller	Highway
Typ	Frappant 4
Monitorart	TFT
Bildwiederholfrequenz	75 Hertz
Reaktionszeit	3 ms
Bildschirmgröße	19 Zoll
Garantiedauer	3 Jahre
Entspiegelung	voll entspiegelt
Kontrast	700 : 1
Dokumentation	ausführlich auf Deutsch
Bildauflösung	max. 1 280 x 1 024
Energieeffizienzklasse	E
Preis	210,00 €

1 *Alle Monitornamen und Herstellfirmen sind frei erfunden. Die Angaben sind jeweils typisch.*

Übersicht Monitorvergleich

	Monitor 1		Monitor 2		Monitor 3	
Hersteller						
Produktname						
Bildschirmgröße		B.		B.		B.
Bildwiederholfrequenz		B.		B.		B.
Reaktion		B.		B.		B.
Garantie		B.		B.		B.
Entspiegelung		B.		B.		B.
Bildkontrast		B.		B.		B.
Dokumentation		B.		B.		B.
Bildauflösung		B.		B.		B.
Energieeffizienzklasse		B.		B.		B.
Preis		B.		B.		B.

Frage 1: Welche Art von Monitoren kommt in ärztlichen Praxen heutzutage fast ausschließlich zum Einsatz?

- ☐ a) TRT
- ☐ b) CRT
- ☐ c) TFT
- ☐ d) TNT

Frage 2: Wovon hängt die Qualität des Monitorbildes auch ab?

- ☐ a) Von der Umdrehungsgeschwindigkeit der Festplatte
- ☐ b) Von der Qualität der Grafikkarte
- ☐ c) Von der Größe des Monitors
- ☐ d) Von der Farbe des Monitorrahmens

Frage 3: Welche Aussagen zur Bildwiederholfrequenz sind richtig?

- ☐ a) Sie ist ein Maß für die Bildschirmgröße.
- ☐ b) Sie wird in Hertz gemessen.
- ☐ c) Sie gibt an, wie viele Male das Monitorbild pro Sekunde neu erzeugt wird.
- ☐ d) Sie wird in dB (A) pro Sekunde gemessen.

Frage 4: Welche Aussagen zum Kontrast sind richtig?

- ☐ a) Er gibt an, ob ein Monitor auch Farbbilder darstellen kann.
- ☐ b) Er gibt den Helligkeitsunterschied bei der Wiedergabe einer weißen und einer schwarzen Fläche an.
- ☐ c) Je niedriger der darstellbare Kontrast ist, desto besser ist der Monitor.
- ☐ d) Je stärker das Umgebungslicht des Monitorarbeitsplatzes ist, desto höher sollte der Kontrast des Monitors sein.

Frage 5: Welche Aussagen zur Bildauflösung sind richtig?

- a) Die Bildauflösung wird in Zoll gemessen.
- b) Die Bildauflösung gibt an, aus wie vielen Pixeln ein Monitorbild zusammengesetzt wird.
- c) Eine typische Bildauflösung für einen 17-Zoll-Monitor ist 800 x 600 Pixel.
- d) Eine Bildauflösung von 1 280 x 1 024 Bildpunkten bedeutet, dass der Monitor 1 280 Bildpunkte waagerecht und 1 024 Bildpunkte senkrecht darstellen kann.

Frage 6: Welche Aussage zur Bildschirmgröße ist richtig?

- a) Die Bildschirmgröße wird in dpi gemessen.
- b) Je größer der Bildschirm ist, desto schärfer ist das Bild.
- c) Ein Zoll entspricht ca. 2,5 cm.
- d) Um die Bildschirmgröße zu ermitteln, wird der Bildschirm von links unten nach rechts unten ausgemessen.

Frage 7: Welche Aussagen zur Energieeffizienzklasse sind richtig?

- a) Die Energieeffizienzklasse gibt an, wie hell ein Monitor ist.
- b) Eine bessere Energieeffizienzklasse bedeutet, dass man beim Betrieb des Monitors Kosten spart.
- c) Bei Kauf eines Monitors sollte unter anderem auch die Energieeffizienzklasse eine Rolle spielen.
- d) Energieeffizienzklasse C ist besser als Energieeffizienzklasse B.

Frage 8: Welche Aussage zur Entspiegelung ist richtig?

- a) Wenn ein Monitor entspiegelt ist, enthält er keine Kamera.
- b) Ein entspiegelter Monitor kann nur Schwarz-Weiß-Bilder darstellen.
- c) Entspiegelung bedeutet, dass die Nutzenden gegen elektromagnetische Strahlung geschützt sind.
- d) Wenn ein Monitor entspiegelt ist, dann reflektiert er kein von außen einfallendes Licht.

Frage 9: Welche Aussagen zu einem Flachbildmonitor sind richtig?

- a) Die Reaktionszeit eines Monitors wird in Hertz angegeben.
- b) Wenn die Reaktionszeit eines Monitors niedrig ist, kann er schnell ein neues Bild aufbauen.
- c) Die Abkürzung ms steht für Mikrosekunden.
- d) Die Reaktionszeit eines durchschnittlichen Monitors liegt bei 5–8 ms.

Frage 10: Welche Aussage ist richtig?

- a) Die Bildwiederholfrequenz bei Flachbildmonitoren sollte ca. 75 Hertz betragen.
- b) Je niedriger die Auflösung des Monitorbildes, desto schärfer ist das Bild.
- c) Die gesetzliche Garantie für Monitore beträgt 36 Monate.
- d) Eine Dokumentation ist ein Stück Papier, auf dem die Garantie dokumentiert wird.

2.5 Mehrplatzsysteme und Datenkommunikation

Bisher wurde immer davon ausgegangen, dass nur der Arzt bzw. die Ärztin mit einem Computer arbeitet. In der Praxis gibt es aber häufig mehrere Computer.

1. In welchen Räumen befinden sich in Ihrer Praxis Computer?

2. Angenommen, eine Praxis hat mehrere Computer, in jedem Sprech- bzw. Behandlungszimmer einen. Welches Problem würde z. B. bei der Behandlung einer Patientin entstehen, der mehrmals im Quartal kommt, wenn diese Computer nicht miteinander verbunden wären?

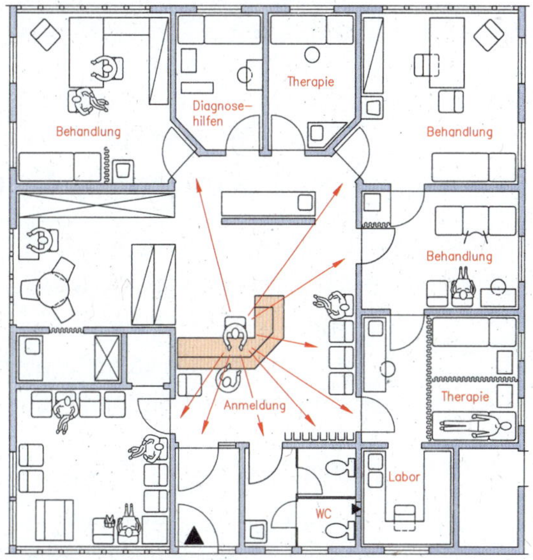

Damit auf allen Computern die gleichen Daten aufgerufen werden können, sind die Computer durch Leitungen miteinander verbunden. Ein ganz bestimmter Computer dient als Server (dt. „Diener"). Die miteinander verbundenen Computer nennt man ein Netzwerk. Alle eingegebenen Daten werden über die Leitungen zum Server geschickt und nur dort abgespeichert. Ebenso werden alle Daten für das gesamte Netzwerk nur vom Server abgerufen. Dies hat den Vorteil, dass auf jedem Computer der Praxis Daten eingegeben werden können, die dann von allen Computern abgerufen werden können.
Damit das funktioniert, ist in jedem Computer eine Netzwerkkarte eingebaut. An ihr werden die Leitungen angeschlossen, die die einzelnen Computer verbinden. Wie schnell die Computer miteinander Daten austauschen können, wird in Megabits pro Sekunde angegeben. Den Austausch von Daten nennt man **Datenkommunikation**. Ein Netzwerk, in dem nur Computer in einer Praxis miteinander vernetzt sind, nennt man LAN (Local Area Network = kleinflächiges Netzwerk, z. B. auch die Verbindung von Computern innerhalb eines Firmengeländes). Wenn die letzten Meter zwischen Computer und Anschlussstelle nicht mit einen Kabel verbunden werden, sondern eine Verbindung über Funk erfolgt, dann spricht man von WLAN. Das W steht hierbei für wireless (drahtlos). Gibt es auch eine Verbindung zu anderen Netzwerken außerhalb der Praxis, spricht man vom Internet.

3. Wozu dient ein Server?

4. Welchen Vorteil hat ein Netzwerk?

5. Wozu dient eine Netzwerkkarte?

6. Was ist ein LAN?

7. Was ist ein WLAN

2.6 Moderne Wege der Datenübertragung – die elektronische Gesundheitskarte

Seit dem 1. Januar 2015 gibt es die elektronische Gesundheitskarte (eGK). Die elektronische Gesundheitskarte soll administrative (= verwaltende) Funktionen erfüllen, aber auch für medizinische Anwendungen zur Verfügung stehen.
Darüber hinaus kann die elektronische Gesundheitskarte von Beginn an auf der Rückseite mit der „europäischen Krankenversicherungskarte" ausgestattet werden. Das ermöglicht die Inanspruchnahme von medizinischen Leistungen in den Mitgliedstaaten der Europäischen Union (EU). Äußerst wichtig ist, dass die elektronische Gesundheitskarte allen gültigen Datenschutzbestimmungen entspricht, um einen Missbrauch der Gesundheitsdaten einer Person schon im Ansatz zu vermeiden.

Administrative Funktionen

Die elektronische Gesundheitskarte enthält lesbare Daten wie den Namen der Versicherten, die Krankenversichertennummer, den Namen und das Institutionskennzeichen der ausstellenden Krankenkasse sowie ein Foto der versicherten Person. Sie enthält auch elektronisch lesbare Daten wie Name und Anschrift der versicherten Person, Geburtsdatum, Geschlecht, Krankenversichertennummer, Versicherungsstatus und Beginn des Versicherungsschutzes. Die Versichertenstammdaten können bei jedem Praxisbesuch online mit den bei der Krankenkasse gemeldeten Daten verglichen und gegebenenfalls aktualisiert werden. Diese Daten sind für alle Versicherten verpflichtend und müssen mit einem Lesegerät für Abrechnungszwecke ausgelesen werden. Durch spezielle Auswei-

se (Heilberufsausweise) haben getrennt nach Berufsgruppen nur Ärztinnen und Ärzte, Zahnärztinnen und -ärzte sowie Apotheker/-innen Zugriff auf die Daten der elektronischen Gesundheitskarte.

Die elektronische Gesundheitskarte

Vorderseite

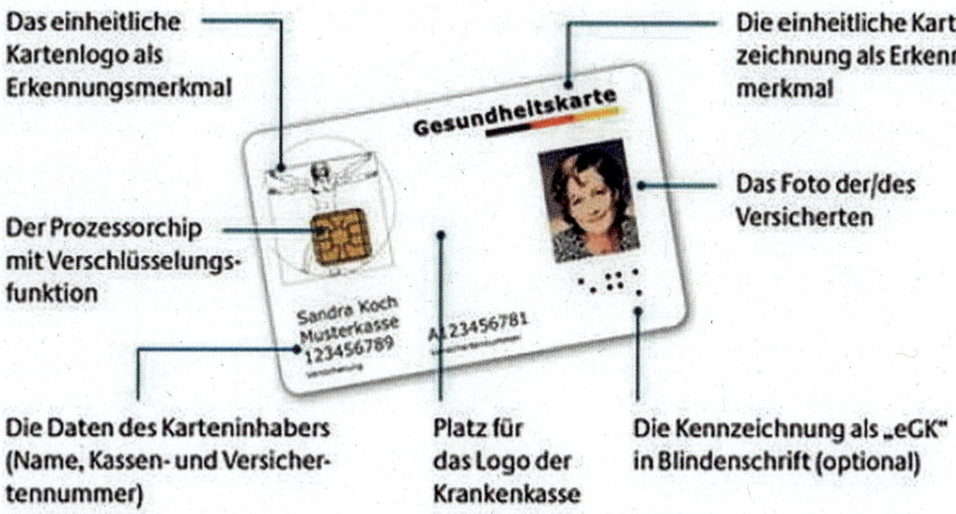

Bundesministerium für Gesundheit *www.bundesgesundheitsministerium.de/egk*

Das elektronische Rezept (eRezept)

Die eGK soll in Zukunft auch dazu eingesetzt werden, elektronische Rezepte einzulösen. Bis es soweit ist, wird das folgende Verfahren angewendet. Der Arzt bzw. die Ärztin stellt das eRezept wie üblich mit der Praxissoftware aus. Die Daten des Rezepts werden per Internet auf einem eRezept-Server gespeichert. Die betroffene Person kann das eRezept nun unter Nutzung ihres Handy mit einer entsprechenden App in der Apotheke einlösen. Die App erzeugt einen Code, der in der Apotheke gescannt wird, sodass dort die eRezeptdaten vom eRezept-Server direkt auf dem PC erscheinen. Patientinnen und Patienten, die das Handy nicht nutzen wollen, erhalten in der Praxis einen Rezept-Ausdruck, der den Code enthält. Vorteile des eRezepts sollen sein, dass es schwieriger zu fälschen, nicht mehr so unleserlich und damit weniger fehleranfällig ist.

Versicherungsschutz im europäischen Ausland

Von Anfang an kann sich die Europäische Krankenversicherungskarte (EHIC) auf der Rückseite der elektronischen Gesundheitskarte befinden. Sie ermöglicht den Versicherten eine unbürokratische medizinische Behandlung im europäischen Ausland.

Die elektronische Gesundheitskarte

Rückseite (optional)

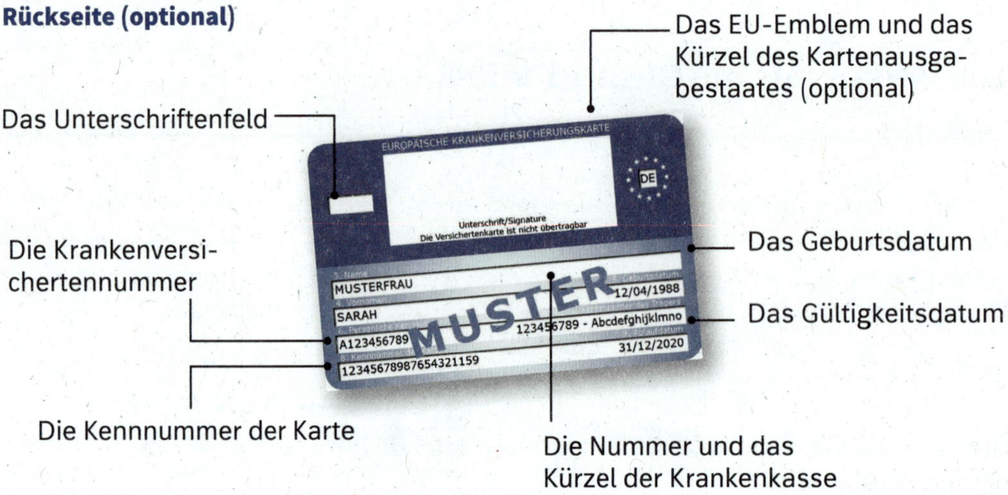

1. Für welche Art von Anwendungen soll die elektronische Gesundheitskarte zur Verfügung stehen?

2. Womit kann die elektronische Gesundheitskarte auf der Rückseite ausgestattet werden?

3. Warum entspricht die elektronische Gesundheitskarte allen gültigen Datenschutzbestimmungen?

4. Welche lesbaren bzw. sichtbaren Daten enthält die elektronische Gesundheitskarte?

5. Welche elektronisch lesbaren Daten enthält die elektronische Gesundheitskarte?

6. Was kann mit den Versichertenstammdaten bei jedem Praxisbesuch gemacht werden?

7. Was erlauben Heilberufsausweise getrennt nach Berufsgruppen?

8. Wozu soll die elektronische Gesundheitskarte in Zukunft auch dazu eingesetzt werden?

9. Womit stellen Ärztinnen und Ärzte eRezepte aus?

10. Wo werden die Daten des eRezepts gespeichert?

11. Wie können die Betroffenen eRezepte in der Apotheke einlösen?

12. Was erzeugt die App?

13. Was tun Personen, die das Handy für die Einlösung von Rezepten nicht nutzen wollen?

14. Was sollen die Vorteile des eRezepts sein?

Medizinische Funktionen

Neben ihren administrativen Funktionen können auf der elektronischen Gesundheitskarte freiwillig persönliche Gesundheitsdaten der Versicherten gespeichert werden. Jede Person kann selbst darüber entscheiden, welche personenbezogenen Gesundheitsdaten auf der Karte gespeichert werden.

Notfalldaten

Die Bereitstellung der Notfalldaten gehört zu den ersten medizinischen Anwendungen der eGK. Versicherte können persönliche Gesundheitsdaten, wie beispielsweise Informationen zu Arzneimittelunverträglichkeiten, Allergien und chronischen Erkrankungen als Notfalldaten digital auf ihrer eGK speichern lassen. Ebenso können weitere medizinische Hinweise, beispielsweise zu einer aktuellen Schwangerschaft, oder Kontaktdaten zu behandelnden Ärztinnen und Ärzten gespeichert werden sowie zu Personen, die im Notfall benachrichtigt werden sollen. Im medizinischen Ernstfall können diese Daten dann von Ärztinnen und Ärzten unter Einsatz ihres elektronischen Heilberufsausweises auf der eGK ausgelesen werden. Für den Zugriff auf die Notfalldaten ist keine Eingabe einer persönlichen Identifikationsnummer (PIN) der Versicherten erforderlich.

Auf Wunsch der Versicherten können auch persönliche Hinweise auf das Vorliegen einer schriftlichen Erklärung zur Organ- und Gewebespende, einer Patientenverfügung oder auch einer Vorsorgevollmacht und deren Aufbewahrungsort auf der eGK hinterlegt werden.

Elektronischer Medikationsplan (eMP)

Liegt für Versicherte ein Medikationsplan vor, kann dieser mit Einwilligung der Betroffenen auch elektronisch auf der eGK gespeichert werden. Auf diese Weise können mitbehandelnde Ärztinnen und Ärzte sowie Apothekerinnen und Apotheker sicherer über die Medikation der Versicherten informiert werden. Für die Nutzung des elektronischen Medikationsplans benötigen Versicherte ihre eGK sowie eine PIN, die sie von ihrer Krankenkasse erhalten. Durch die Eingabe der PIN geben Versicherte in der Praxis, im Krankenhaus oder in der Apotheke den Zugriff auf ihre Daten frei. Falls Versicherte dies wünschen, können sie die PIN-Funktion auch deaktivieren und den eMP in der Praxis oder der Apotheke ohne PIN-Freigabe nutzen.

Elektronische Patientenakte (ePA)

Die Krankenkassen sind verpflichtet, ihren Versicherten auf Wunsch eine ePA zur Verfügung zu stellen. Die elektronische Patientenakte enthält zum Beispiel Notfalldaten, Medikationspläne, Arztbriefe, Impfausweise, den Mutterpass, das gelbe U-Heft für Kinder oder das Zahn-Bonusheft. Sie soll stufenweise weiter ausgebaut werden. Dann können Versicherte auch eigene Daten ablegen, wie ein Tagebuch über Blutzuckermessungen, oder ihre Daten außerhalb der Praxis eigenständig einsehen. Dabei kann die Einsichtnahme über ein geeignetes mobiles Endgerät wie ein Smartphone erfolgen. Für Versicherte, die über kein mobiles Endgerät verfügen oder dieses nicht für den Zugriff auf medizinische Anwendungen nutzen möchten, werden alternative Zugangsmöglichkeiten geschaffen. Um auf die medizinischen Daten zugreifen zu können, gilt das sogenannte Zwei-Schlüssel-Prinzip. Ähnlich wie bei der Bankkarte müssen die Versicherten die medizinischen Daten mittels ihrer eGK und einer persönlichen Identifikationsnummer (PIN) freischalten. Ärztinnen und Ärzte benötigen für den Zugriff einen zweiten Schlüssel, nämlich ihren Heilberufsausweis und ebenfalls eine PIN. (Ausnahme: Versicherte greifen außerhalb der Praxis eigenständig, beispielsweise mit ihrem Tablet oder Smartphone, auf ihre ePA zu; hierfür sind besondere sichere Verfahren vorgesehen.)

---

15. Was gehört zu den ersten medizinischen Anwendungen der eGK?

16. Was können Versicherte digital auf ihrer eGK speichern lassen?

17. Welche weiteren medizinischen Hinweise können gespeichert werden?

18. Was kann im medizinischen Ernstfall mit diesen Daten gemacht werden?

19. Was kann auf Wunsch der Versicherten auf der eGK hinterlegt werden?

20. Was kann mit Einwilligung der Versicherten auch elektronisch auf der eGK gespeichert werden?

21. Wer kann auf diese Weise sicherer über die Medikation der Versicherten informiert werden?

21. Wer kann auf diese Weise sicherer über die Medikation der Versicherten informiert werden?

22. Was benötigen Versicherte für die Nutzung des elektronischen Medikationsplans?

23. Was geben Versicherte durch die Eingabe der PIN frei?

24. Was können Versicherte, falls sie dies wünschen, mit der PIN-Funktion auch machen?

25. Was kann die elektronische Patientenakte enthalten?

26. Was sollen Versicherte nach einem stufenweise Ausbau in der ePA ablegen können?

27. Wie kann die Einsichtnahme in die ePA dann erfolgen?

28. Welches Prinzip gilt, um auf die medizinischen Daten zugreifen zu können?

29. Wie schalten die Versicherten die medizinischen Daten frei?

30. Welchen zweiten Schlüssel benötigen Ärztinnen und Ärzte, wenn sie auf die Daten der Versicherten zugreifen wollen?

Kreuzworträtsel Nr. 4

Senkrecht:

1 Gibt die Größe des benutzbaren Papiers an
2 Gibt an, aus wie vielen Pixeln ein Computerbild erzeugt wird
3 Computer, an den alle Daten in einem Netzwerk gesandt werden
5 Druckerart, die den Ausdruck durch Anschläge erzeugt
6 Maßeinheit der Lautstärke
8 Unerwünschte Nebenwirkung beim Drucken
9 Gibt an, wie teuer eine ausgedruckte Seite ist
14 Gedachte Linie zur Bestimmung der Bildschirmgröße
17 Gewährleistung

Waagerecht:

4 Schutz des Monitors vor einfallendem Licht
7 Gibt an, wie viele Punkte ein Drucker drucken kann
10 Wird benötigt, um mehrere Computer miteinander zu vernetzen
11 Wenn ein Monitorbild mindestens 100-mal pro Sekunde neu aufgebaut wird
12 Druckerart mit sehr schönem Schriftbild
13 Wo man das Papier einfüllen kann
15 Helligkeitsunterschied
16 Art, wie gedruckt wird
18 Wirksamkeit der Energie

3 Datenerfassung und Datenverwaltung

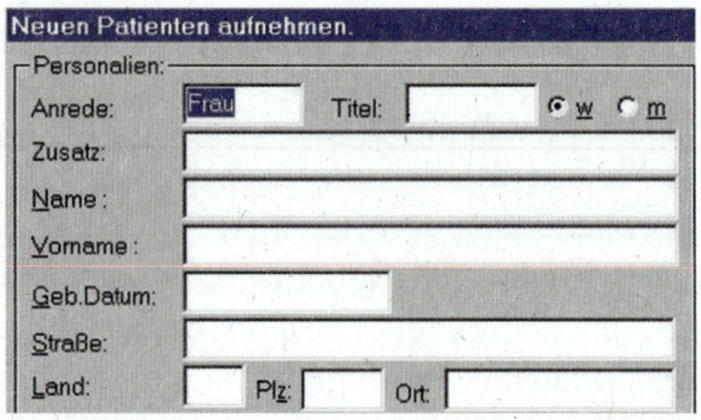

In den letzten Stunden haben wir viele Geräte einer Computeranlage kennengelernt. Wir wollen uns jetzt wieder der Dateneingabe und Datenausgabe widmen.
Dateneingabe: Daten können auf unterschiedliche Weise erfasst werden. Der Arzt oder die Ärztin kann z. B. die Anamnese der behandelten Person zuerst auf einer Karteikarte festhalten. Abends geben die Medizinische Fachangestellten dann diese Daten in den Computer ein. Der Arzt oder die Ärztin kann die Daten aber auch direkt beim Behandlungsgespräch in den Computer eingeben. Im ersten Fall spricht man von **indirekter** Datenerfassung, weil die Daten noch auf einem anderen Datenträger (in diesem Fall Karteikarte) festgehalten werden. Im zweiten Fall spricht man von **direkter** Datenerfassung, weil sie direkt bei der Entstehung ohne Zwischenspeicherung in den Computer eingegeben werden.
Daten werden bei ihrer Eingabe auch nach ihrer Zusammengehörigkeit unterschieden. Die kleinste Einheit bei der Dateneingabe ist das Datenfeld. Ein Datenfeld ist sozusagen der vorgesehene Platz für die Eingabe von Daten, die die gleiche Überschrift haben. Dies klingt zwar etwas kompliziert, ist es aber nicht. Man kann es an einem Beispiel ganz gut verstehen. In der Abbildung oben gibt es z. B. das Datenfeld „Name:“ und das Datenfeld „Geb. Datum:“ usw.
Datenfelder, die sinngemäß zusammengehören, bilden einen sogenannten Datensatz. In unserem Beispiel könnten dies die persönlichen Daten sein.
Alle Datensätze, die sinngemäß zusammengehören, bilden eine Datei. Dies könnten beispielsweise alle zu einer behandelten Person abgespeicherten Daten sein. Alle sinngemäß zusammengehörigen Dateien wiederum bilden eine Datenbank, so stellen z. B. alle im Computer gespeicherten Patientendaten eine Datenbank dar.

1. Ordnen Sie die Begriffe durch Verbinden richtig zu.

Begriff
- Zeichen
- Datenfeld
- Datensatz
- Datei
- Datenbank

Definition
- Zusammenfassung von sinngemäß zusammengehörigen Datenfeldern
- Zusammenfassung von sinngemäß zusammengehörigen Datensätzen
- Zusammenfassung von sinngemäß zusammengehörigen Dateien
- Kleinste Dateneinheit
- Eingabeplatz (evtl. mit Überschrift) in einem Computerprogramm

2. Markieren Sie in der folgenden Abbildung fünf Zeichen, fünf Datenfelder und drei Datensätze. Welche Überschriften könnte man ihnen jeweils geben?

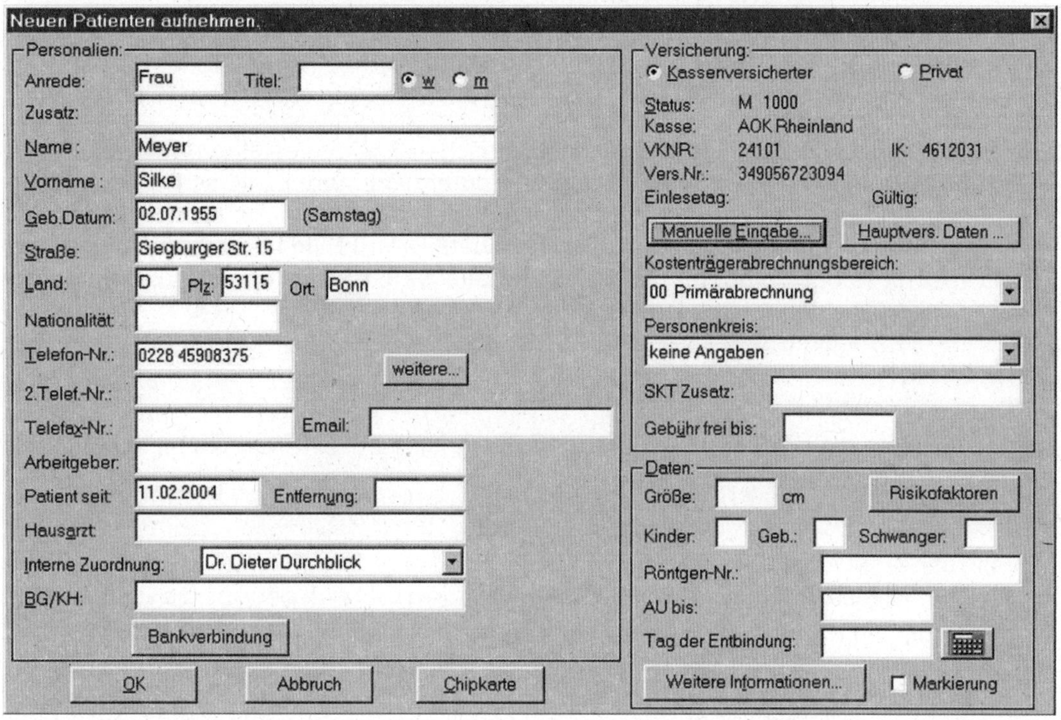

4 Datensicherung und Datenschutz

4.1 Datensicherung

Fall: Als Daniela, Auszubildende zur Medizinischen Fachangestellten, morgens die Praxis betritt und wie jeden Morgen den Computer hochfahren will, schaltet sie den Strom an, aber es tut sich nichts. Der Computer lässt sich nicht mehr hochfahren. Auch Dr. Sommerfeld kann den Schaden nicht beheben. Die zu Hilfe gerufene Techniker in stellt fest, dass der Computer defekt ist und alle Daten im Computer gelöscht sind (man nennt das einen totalen Datenverlust).

1. Was könnten die Ursachen für den totalen Datenverlust sein? Nennen Sie mindestens drei Ursachen.

2. Welche Folgen hätte ein totaler Datenverlust für die Praxis und für die Patientinnen und Patienten, wenn die Daten nicht noch einmal woanders gespeichert wären?

Einen totalen Datenverlust kann man niemals ganz ausschließen. Aber man kann Maßnahmen treffen, damit man trotz totaler Datenverluste nicht ohne Daten dasteht. Diese Maßnahmen rechnet man zur sogenannten **Datensicherung**. Darunter versteht man alle Verfahren, die sich gegen den Verlust oder die Verfälschung von Daten richten.

3. Welche Maßnahmen der Datensicherung werden in Ihrer Praxis angewendet? Kreuzen Sie an. Klären Sie unbekannte Begriffe in dem folgenden Text im Anschluss an die Tabelle.

Maßnahme	Ja	Nein
Brandschutz/Blitzschutz		
Alarmanlage		
Besondere Türsicherung		
Passwortvergabe		
Antivirenprogramm		
Anfertigung von Sicherungskopien		
Besonderer Verschluss der Sicherungskopien		
Überwachungsprotokolle		
Anwendung des Großvater-Vater-Sohn-Prinzips		
Anwendung von Plausibilitätskontrollen		

Wichtige Maßnahmen der Datensicherung

Bei der Datensicherung unterscheidet man zwischen organisatorischen Maßnahmen, technischen Maßnahmen und programmtechnischen Maßnahmen:

Organisatorische Maßnahmen

Ein sehr weitverbreitetes Prinzip zur Datensicherung mit Datenträgern ist das **Großvater-Vater-Sohn-Prinzip**. Es wird mit drei Datenträgern gearbeitet. Am ersten Tag wird der erste beschrieben (Großvater), am zweiten Tag der zweite (Vater), am dritten Tag der dritte (Sohn), am vierten Tag wird wieder der erste beschrieben, am fünften Tag der zweite usw. Auf diese Weise ist sichergestellt, dass bei Datenverlust auf dem Computer immer zwei funktionsfähige Sicherungskopien vorliegen, auch wenn diese ein bzw. zwei Tage alt sind.
Durch die **Zutrittskontrolle** wird Unbefugten der Zutritt zu Räumen verwehrt, in denen Daten verarbeitet oder gespeichert werden.
Durch ein **Überwachungsprotokoll** kann festgehalten werden, wer den Computer in der letzten Zeit bedient hat. Es ist ein kleines Programm, das festhält, welche Anwendenden zu welcher Zeit was am Computer gemacht haben. Oftmals verfügen auch Schulen über Überwachungsprogramme für ihre Schülercomputer.
Der **Raumschutz** beinhaltet, dass die Computer so aufgestellt sind, dass zu hohe Temperaturen oder die Einwirkung von Magneten für die Computer nicht gefährlich werden können.
Für den **Datenträgertransport** wird genau festgelegt, wer welche Datenträger transportieren darf.

Technische Maßnahmen

Durch bestimmte technische Einrichtungen wie **Türsicherungen, Alarmanlagen** oder spezielle Schalter, für die man einen extra Schlüssel benötigt (**Schlüsselschalter**), wird die Sicherheit der Daten erhöht.

Programmtechnische Maßnahmen

Bei den programmtechnischen Maßnahmen werden Vorkehrungen am Computerprogramm getroffen, die die Datensicherheit erhöhen sollen. **Benutzerkennungen** und **Passwortverfahren** erlauben nur den zugriffsberechtigten Personen einen Zugriff auf die festgelegten Daten und Programme. Durch die **Plausibilitätskontrolle** wird verhindert, dass unlogische Daten in den Computer eingegeben werden können.
Durch die **Zugriffskontrolle** soll sichergestellt werden, dass der Zugriff nur auf solche Daten erfolgen kann, für die die Nutzenden eine Berechtigung haben. So können bestimmte Mitarbeitende Daten zwar einsehen, aber nicht ändern. Die **Zugangskontrolle** am Computer erfolgt normalerweise durch die Eingabe von Login-Namen und Passwort. Die Zugangskontrolle legt also fest, wer sich überhaupt einloggen kann, und die Zugriffskontrolle legt fest, auf welche Daten man Zugriff hat und was man mit den Daten machen kann.
Viren sind kleine Programme, die versehentlich auf dem Computer abgespeichert werden. Sie sollen gegen den Willen der Computeranwender/-innen Daten löschen oder geheime Daten im Computer ausspionieren und über das Internet versenden. Viren werden von Kriminellen entwickelt und verbreitet, um Computernutzenden absichtlich zu schaden. Gegen Viren hilft ein sogenanntes **Antivirenprogramm**. Wenn man es regelmäßig benutzt, kann man Viren im Computer finden und löschen, bevor sie einen Schaden angerichtet haben.

4. Was versteht man unter dem Großvater-Vater-Sohn-Prinzip?

5. Was versteht man unter einer Zutrittskontrolle?

6. Was kann durch ein Überwachungsprotokoll festgehalten werden?

7. Was beinhaltet der Raumschutz?

8. Nennen Sie drei technische Maßnahmen des Datenschutzes.

9. Was unterscheidet die Zugriffskontrolle von der Zugangskontrolle?

10. Was sind Viren und wie kann man sich dagegen schützen?

4.2 Datenschutz

Die Pflicht zum Datenschutz in der Arztpraxis ergibt sich aus einer Vielzahl von Gesetzen, deren wichtigstes die Datenschutz-Grundverordnung (DSGVO) ist.

Fall: Daniela hat schon wieder eine halbe Stunde Überstunden gemacht. Dr. Sommerfeld beauftragt sie aber noch, die heute per Post eingegangenen und in den Computer eingegebenen Laborbefunde im Aktenvernichter zu vernichten. Da Daniela in Eile ist, wirft sie die Laborbefunde einfach in den Papierkorb. Die Reinigungskraft wirft die Laborbefunde in den Altpapiermülleimer vor dem Haus. Als die Nachbarin Nadja Neugierig ihr Altpapier in denselben Mülleimer werfen will, findet sie die Laborbefunde und liest sie aufmerksam.

1. Wie ist Danielas Handeln zu beurteilen? Gegen welche beiden Pflichten aus ihrem Ausbildungsvertrag hat Daniela verstoßen?

Laborbefunde gehören wie alle anderen Patientendaten zu den sogenannten personenbezogenen Daten, also Daten, die eindeutig einem bestimmten Menschen zugeordnet sind.

2. Welche personenbezogenen Daten werden in einer ärztlichen Praxis gesammelt? Nennen Sie mindestens fünf verschiedene.

3. Wer könnte Interesse an den in einer Praxis gesammelten Daten haben? Warum?

Damit Daten nicht unberechtigt an andere Personen oder Firmen geraten, werden Maßnahmen des Datenschutzes ergriffen. Man sagt: Der Datenschutz umfasst alle Maßnahmen zum Schutz personenbezogener Daten vor missbräuchlicher Verwendung, z. B. durch Kontrolle des Zugangs zu einer Computeranlage, durch Vorschriften über die Vernichtung nicht mehr benötigter Daten usw.

Welche Daten überhaupt gespeichert werden dürfen und wie mit gespeicherten Daten umgegangen werden muss, regelt die Datenschutz-Grundverordnung. Sie gilt für jede ärztliche Praxis. Danach müssen niedergelassene Ärztinnen und Ärzte unter bestimmten Voraussetzungen Datenschutzbeauftragte bestellen. Dies ist z. B. dann der Fall, wenn die

Praxis mehr als 20 Mitarbeiterinnen und Mitarbeiter hat, die mit der automatisierten Verarbeitung personenbezogener Daten ständig beschäftigt sind. Zum Team zählen auch die Praxisinhabenden, aber nicht das Reinigungspersonal. Eine ständige Beschäftigung liegt z. B. vor, wenn eine Mitarbeiterin regelmäßig Patientendaten einsieht oder aufruft. Personenbezogene Daten sind alle Informationen, die sich auf eine identifizierte oder identifizierbare lebende Person beziehen. Verschiedene Teilinformationen, die gemeinsam zur Identifizierung einer bestimmten Person führen können, sind ebenfalls personenbezogene Daten.
Die Praxisinhaberin bzw. der -inhaber ernennt die betriebliche Datenschutzbeauftragte/den betrieblichen Datenschutzbeauftragten. Diese Person muss sich gut mit den Datenschutzvorschriften auskennen und zuverlässig sein. Wenn die Größe oder Art der Praxis keine Datenschutzbeauftragten erfordert, dann müssen sich die Praxisinhabenden selbst um die Einhaltung der Vorschriften der DSGVO kümmern. Zu den Hauptaufgaben der Datenschutzbeauftragten gehören die Überwachung der ordnungsgemäßen Anwendung der Computer und Computerprogrammen, die Kontrolle, dass nur Befugte Umgang mit den in der Praxis anfallenden Daten haben, sowie die Überwachung der Patientenrechte hinsichtlich ihrer Daten. Die Datenschutzbeauftragten sich auf ihrem Gebiet nicht an die Weisungen der Vorgesetzten gebunden.

4. Was versteht man unter Datenschutz?

5. Was regelt die Datenschutz-Grundverordnung?

6. Für welche ärztlichen Praxen gilt die Datenschutz-Grundverordnung?

7. Wann müssen niedergelassene Ärztinnen und Ärzte Datenschutzbeauftragte bestellen?

8. Wer zählt zum für den Datenschutz relevanten Personal, wer nicht?

9. Wann liegt eine ständige Beschäftigung mit Patientendaten vor?

10. Was sind personenbezogene Daten?

11. Was sind auch personenbezogene Daten?

12. Wer ernennt die Datenschutzbeauftragten?

13. Womit müssen sich Datenschutzbeauftragte gut auskennen?

14. Was ist zu tun, wenn die Größe oder Art der Praxis keine Datenschutzbeauftragten erfordert?

15. Was gehört zu den Hauptaufgaben der Datenschutzbeauftragten?

16. Woran sind Datenschutzbeauftrage auf ihrem Gebiet nicht gebunden?

Rechte der Patientinnen und Patienten hinsichtlich ihrer Daten

Die Patientinnen und Patienten haben das Recht, dass unrichtige Daten über sie gelöscht bzw. berichtigt werden. Verdachtsdiagnosen zählen allerdings nicht zu den unrichtigen Daten. Sie dürfen auch nicht gelöscht werden, wenn sie sich nicht bewahrheiten. Wenn umstritten ist, ob gespeicherte personenbezogene Daten zutreffen oder nicht, dann sind sie zu sperren. Das heißt, dass sie nicht gelöscht aber auch nicht verwendet werden dürfen, bis geklärt ist, ob sie wahr oder unwahr sind bzw. ob sie in der Praxis überhaupt gespeichert werden dürfen oder nicht. Dies ist z. B. bei Auskünften an private Versicherungen über den Gesundheitszustand von Betroffenen von Interesse. Ein weiteres wichtiges Patientenrecht ist das Recht auf Einsichtnahme in die über ihn gespeicherten Daten (z. B. Befunde und Diagnosen). Ausgenommen von diesem Recht sind nur diejenigen Aufzeichnungen der Ärztinnen und Ärzte, die persönliche Eindrücke über die behandelten Personen (z. B. zur Körperpflege) enthalten. Ärztinnen und Ärzte müssen den Betroffenen entweder direkt in die Dokumentation Einblick gewähren oder sie stellen Kopien oder Ausdrucke zur Verfügung. Ärztinnen und Ärzte dürfe nur unter bestimmten Umständen Patientendaten an Dritte weitergeben. Um dies tun zu dürfen, ist eine gesetzliche Vorschrift, die Einwilligung der Betroffenen oder ein besonderer Rechtfertigungsgrund notwendig. Dies gilt auch für die Übermittlung von Daten von Praxis zu Praxis. Eine gesetzliche Erlaubnis liegt z. B. bei der Weitergabe von Patientendaten zu Abrechnungszwecken oder zu bestimmten Kontrollzwecken an die KV bzw. Krankenkasse vor. Sollten einmal schützenswerte Patientendaten unerlaubt in die Hände anderer Personen geraten, z. B., wenn ein Arztbrief an eine falsche Person versendet wird, dann spricht man von einer Datenpanne. Führt die Datenpanne zu einem Risiko für die Rechte der betroffenen Person, so ist die zuständigen Datenschutzaufsichtsbehörde innerhalb von 72 Stunden zu informieren. Auch die betroffene Person ist zu informieren, wenn die Daten besonders wichtig waren, z. B. Befunddaten, nicht aber z. B. bei der Telefonnummer.

---

17. Welches Recht haben Patientinnen Patienten hinsichtlich unrichtiger Daten?

18. Was darf mit Verdachtsdiagnosen nicht gemacht werden, auch wenn sie sich nicht bewahrheiten.

19. Was ist zu tun, wenn umstritten ist, ob gespeicherte personenbezogene Daten zutreffen oder nicht?

20. Was bedeutet sperren?

21. In welche Daten dürfen Betroffene keine Einsicht nehmen?

22. Wie müssen Ärztinnen und Ärzte den Betroffenen Einblick in die Dokumentation gewähren?

23. Wann dürfen Ärztinnen und Ärzte Patientendaten weitergeben?

24. Wann spricht man von einer Datenpanne?

25. Was ist zu tun, wenn die Datenpanne zu einem Risiko für die Rechte der betroffenen Person führt?

26. Wann ist die betroffene Person zu informieren?

Frage 1: Welche Aussagen zu Netzwerken sind richtig?

- a) Die Computer eines Netzwerkes sind durch Leitungen miteinander verbunden.
- b) Es gibt einen Server, auf dem alle Daten zentral abgespeichert werden.
- c) Man benötigt eine Grafikkarte, um die einzelnen Computer miteinander zu verbinden.
- d) Mithilfe eines LAN-Netzwerkes kann man die Verbindung zu anderen Netzwerken außerhalb der Praxis herstellen.

Frage 2: Welche Aussage ist richtig?

- a) Megabytes pro Sekunde ist eine Einheit für die Geschwindigkeit des Datenaustausches in einem Netzwerk.
- b) Den Austausch von Daten in einem Netzwerk nennt man Datenkorruption.
- c) In einem Netzwerk werden alle Daten von einem Server abgerufen.
- d) Megabits ist eine Einheit für die Speicherkapazität einer Festplatte.

Frage 3: Welche Aussagen zu elektronischen Patientenkarten sind richtig?

- a) Eine elektronische Patientenkarte kann einen wichtigen Beitrag zur Kostenreduzierung im Gesundheitswesen leisten.
- b) Jede Praxis hat für jede Patientin und jeden Patienten eine eigene elektronische Patientenkarte.
- c) Der Arzt bzw. die Ärztin bestimmt, was auf der elektronischen Patientenkarte abgespeichert wird.
- d) Alle wichtigen medizinischen Daten werden verschlüsselt gespeichert.

Frage 4: Welche Aussage ist richtig?

- a) Eine Datenbank ist eine zufällige Zusammenfassung von Datensätzen.
- b) Bei der indirekten Datenerfassung werden die Daten ohne Zwischenspeicherung in den Computer eingegeben.
- c) Datensätze, die sinngemäß zusammengehören, nennt man Datenfelder.
- d) Eine Datei ist eine Zusammenfassung aller Datensätze, die sinngemäß zusammengehören.

Frage 5: Welche Aussage zur Datensicherung ist richtig?

- a) Ein weit verbreitetes Prinzip ist das Großmutter-Mutter-Tochter-Prinzip.
- b) Durch die Plausibilitätskontrolle wird verhindert, dass unlogische Daten in den Computer eingegeben werden können.
- c) Ein Überwachungsprotokoll filmt die Computernutzeinnen und -nutzer.
- d) Die Vergabe von Passwörtern ist eine Maßnahme der Datensicherung.

Frage 6: Welche Aussagen sind richtig?

- a) Unter Datensicherung versteht man alle Maßnahmen gegen den Verlust oder die Verfälschung von Daten.
- b) Viren sind kleine Programme, die zur Anwendungssoftware gehören.
- c) Antivirenprogramme schützen den Computer vor Viren.
- d) Das Anfertigen von Sicherungskopien ist eine geeignete Maßnahme der Datensicherung.

Frage 7: Welche Aussagen sind richtig?

- a) Der Datenschutz dient dazu, dass Daten nicht an unberechtigte Personen gelangen.
- b) Für den Datenschutz ist das Bundessozialhilfegesetz gemacht worden.
- c) Zu den personenbezogenen Daten gehören die Krankheiten der behandelten Personen.
- d) Eine Maßnahme des Datenschutzes ist die sorgfältige Vernichtung nicht mehr benötigter Daten.

Frage 8: Welche Aussagen sind richtig?

- a) Jede Praxis muss einen Datenschutzbeauftragten oder eine Datenschutzbeauftragte bestellen.
- b) Die behandelten Personen haben kein Recht zu erfahren, welche Daten über sie in der Praxis gespeichert werden.
- c) Unrichtige personenbezogene Daten sind zu berichtigen.
- d) Eine Sperrung personenbezogener Daten muss erfolgen, wenn die Richtigkeit der Daten von der speichernden Stelle nicht bewiesen werden kann.

Kreuzworträtsel Nr. 5

Waagerecht:

1 Unbefugte Nutzung von Daten
4 Muss erst eingegeben werden, damit ein Programm genutzt werden kann
6 Recht Betroffener, wenn falsche Daten gespeichert wurden
7 Erhalten Betroffene über ihre gespeicherten Daten
8 Jüngstes Mitglied des Generationenprinzips
9 Maßnahme der Datensicherung gegen Gewitterfolgen
10 Recht Betroffener bei gesundheitlichen Daten, die nicht bewiesen werden können
11 Recht Betroffener, wenn nicht klar ist, ob die Daten richtig oder unrichtig sind

Senkrecht:

2 Maßnahme der Datensicherung, die täglich durchgeführt werden sollte
3 Hilft gegen Flammen
5 Programme, die oftmals unbemerkt Schaden anrichten

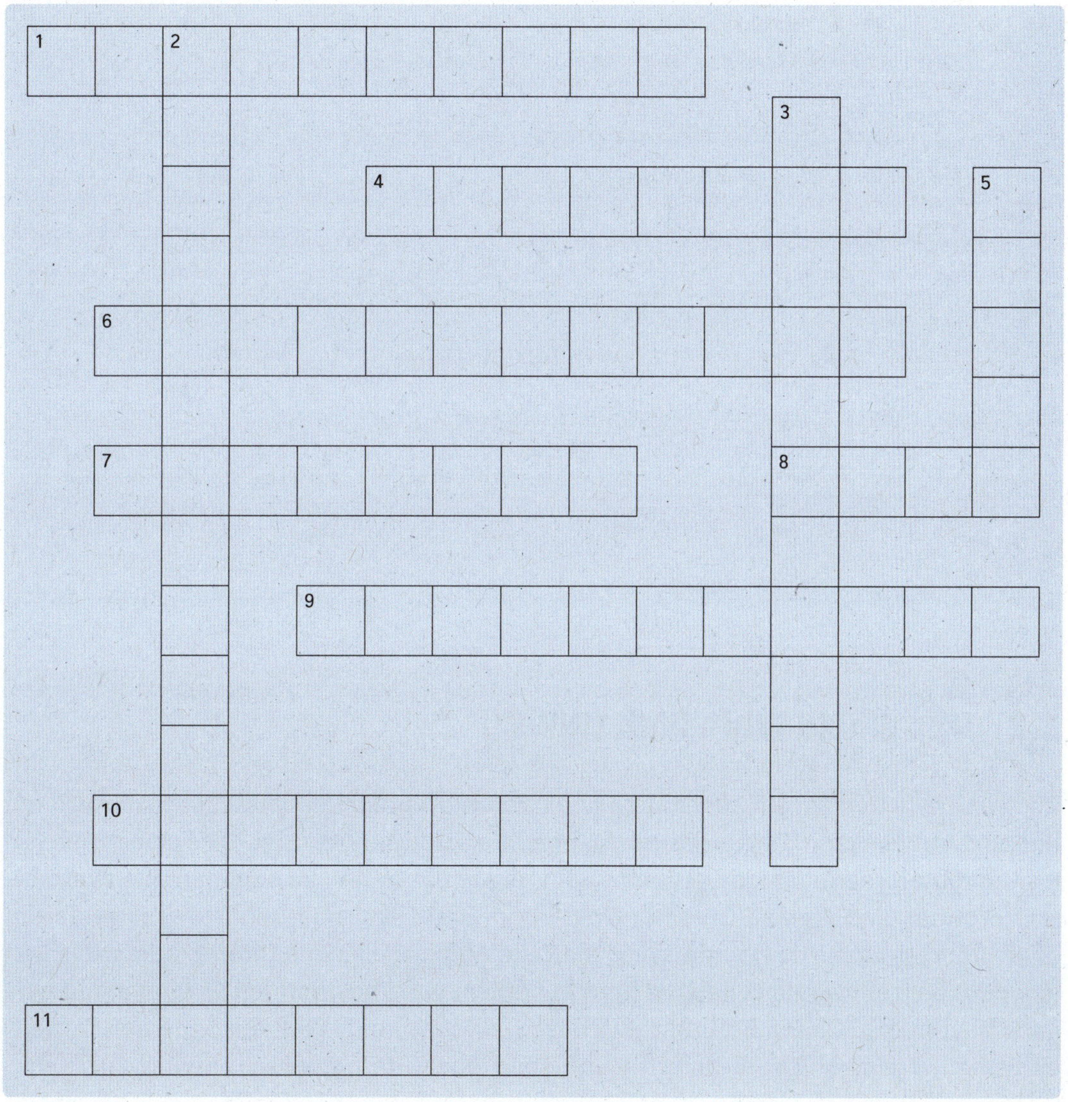

5 Das Internet

5.1 Technische Voraussetzungen

Das Internet ist eine Vernetzung von vielen Millionen Computern in aller Welt. Alle diese Computer sind über Datenleitungen miteinander verbunden. Um einen Computer überhaupt an die Datenleitung anzuschließen, müssen spezielle technische Anschlussgeräte vorhanden sein. Dies sind Netzwerkkarten oder DSL-Modems. Die jeweiligen Anschlussgeräte werden an den Computer und an die Datenleitung angeschlossen. Die Hardwarevoraussetzungen, um in das Internet zu kommen, sind dadurch erfüllt. Damit man aber in das Internet kommt, benötigt man noch einen sogenannten Provider (sprich: Proweider, dt. Versorger, Bereitsteller). Dies ist ein Unternehmen, mit dem man einen Vertrag abschließt und dessen Internetleitungen man benutzt. Große Provider sind z. B. die Deutsche Telekom oder 1&1. Das Internet kann man jetzt zu mehreren Zwecken nutzen: z. B. zum Surfen im World Wide Web (WWW) und zum Verschicken von E-Mails.

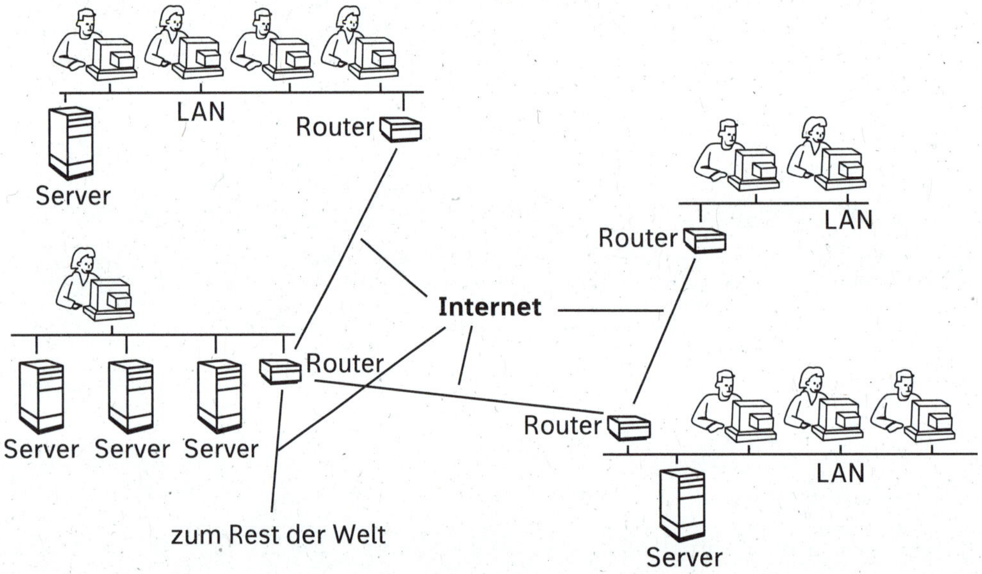

5.2 Das World Wide Web (WWW)

Das weltweite Netz ist ein Bestandteil des Internets, in dem man hauptsächlich Text mit Bildern aufrufen kann. Dazu wird ein sogenannter Browser benötigt. Dies ist ein spezielles Computerprogramm, das gestartet wird, um in das WWW zu kommen. Weit verbreitete Browser sind Firefox, Chrome, Opera und Edge. Hat man den Browser gestartet, dann gibt man eine Internetadresse in die Zeile Adresse ein. Eine Internetadresse ist mit einer Postleitzahl vergleichbar. Sie führt auf einem ganz bestimmten Computer auf eine ganz bestimmte Seite, z. B. führt die Adresse „www.kvno.de" auf die Seite der Kassenärztlichen Vereinigung Nordrhein. Die Startseite einer Internetpräsenz nennt man Homepage, alle Seiten einer bestimmten Internetadresse zusammen nennt man auch Website. Neben Text und Bildern kann eine WWW-Seite auch Dateien enthalten, die man auf seinen Computer überspielen kann. In diesem Fall wird von einem Dateidownload (dt. Herunterladen von Dateien) gesprochen. Eine besondere Art von Dateidownload ist die

Labordatenfernübertragung, mit der man die Untersuchungsergebnisse von eingesandtem Material über PC abrufen kann. Es werden immer mehr Programme entwickelt, die es ermöglichen, dass Praxen über spezielle Internetverbindungen verschlüsselte Patientendaten wie z. B. Diagnosen, verordnete Medikamente, aber auch Röntgenbilder austauschen.

1. Welche technischen Anschlussgeräte benötigt man für das Internet?

2. Was ist ein Provider?

3. Was kann man im WWW hauptsächlich aufrufen?

4. Was ist ein Browser?

5. Was ist eine Homepage?

6. Was ist ein Dateidownload?

7. Wofür könnten Ärztinnen und Ärzte das WWW beruflich nutzen?

Viele Senioren wollen Telemedizin nutzen

Berlin – Bei Senioren gibt es eine große Bereitschaft, digitale Gesundheitsangebote zu nutzen. Die Zahl der über 65-Jährigen, die Apps, Videotelefonie oder Online-Terminvereinbarung bereits in Anspruch nimmt, wächst. [...] Das ergaben zwei repräsentative Untersuchungen des Digitalverbandes Bitkom. [...]

Auf breites Interesse stößt den Angaben zufolge bereits jetzt die elektronische Patientenakte. Demnach wollen 53 Prozent der Über-65-Jährigen von dem Angebot Gebrauch machen, sobald es etabliert ist. 40 Prozent können sich laut Studie vorstellen, E-Rezepte zu nutzen.

Auch bereits verfügbare Angebote sind für Ältere offenbar interessant, werden allerdings noch nicht so häufig genutzt. Demnach würden 50 Prozent der Befragten das Angebot einer telemedizinischen Überwachung des eigenen Gesundheitszustands grundsätzlich in Anspruch nehmen. Tatsächlich nutzen das Angebot bis jetzt nur sechs Prozent der Befragten. [...]

Direkter Vergleich möglich

[...] Großen Zuspruch gibt es laut Studie auch für Online-Vergleichs- und Bewertungsportale für Ärzte – 54 Prozent haben Interesse an der Nutzung, 25 Prozent informierten sich hier im Juni bereits. 53 Prozent der Befragten interessieren sich zudem für SMS- oder E-Mail-Erinnerungen an Arzttermine. [...]

Bei Männern und Frauen ergaben sich weder bei der Nutzung noch bei dem Interesse an digitalen Gesundheitsangeboten große Unterschiede. Dass insgesamt zwar viele Befragte angaben, Interesse an digitalen Gesundheitsangeboten zu haben, jedoch deutlich weniger die bereits verfügbaren Funktionen nutzen, führt Berg auch auf mangelnde Kenntnisse vieler Senioren zurück.

„Es gehört zu den wichtigsten Aufgaben der Digitalpolitik, gerade auch älteren Menschen den Zugang zur digitalen Welt zu erleichtern", so Berg. Digitale Streetworker könnten demnach dabei helfen, ältere Menschen in die Onlinewelt zu begleiten. Das Konzept gibt es unter anderem auch in der Jugendarbeit, wo Sozialarbeiter Jugendliche beispielsweise auf Sozialen Medien ansprechen, um diese über verschiedene Themen aufzuklären.

In Kommunen sollten zudem Erfahrungs- und Erprobungsräumen eingerichtet werden, wo Medien und digitale Technologien niedrigschwellig ausprobiert werden könnten, ergänzte Berg. 59 Prozent der über 65-Jährigen wünschen sich laut Befragung mehr Hilfsangebote für Menschen, die nicht mit dem Internet großgeworden sind.

Die Berührungsängste vieler Senioren spiegeln sich auch in den übrigen Daten aus der Befragung. Nur knapp die Hälfte nutzt das Internet laut Analyse überhaupt regelmäßig. Die Nicht-Nutzer gaben mehrheitlich an, das Netz nicht zu brauchen, nicht über die technischen Möglichkeiten zu verfügen oder sich nicht mit dem Internet auszukennen.[...]

Quelle: © alir/aerzteblatt.de: Viele Senioren wollen Telemedizin nutzen. In: aerzteblatt.de, 18.08.2020, https://www.aerzteblatt.de/nachrichten/115706/Viele-Senioren-wollen-Telemedizin-nutzen [09.11.2022]

1. Was gibt es bei vielen Senioren?

2. Was ergaben zwei repräsentative Untersuchungen des Digitalverban des Bitkom?

3. Welche App stößt bereits auf breites Interesse?

4. Was können sich 40 % der Senioren vorstellen?

5. Wie viel Prozent der Befragten würden das Angebot einer telemedizinischen Überwachung des eigenen Gesundheitszustands grundsätzlich in Anspruch nehmen, wie viel Prozent nutzen es tatsächlich?

6. Was erhält laut der Studie großen Zuspruch?

7. Wofür interessieren sich 53 % der Befragten?

8. Worauf wird auch zurückgeführt, dass insgesamt zwar viele Befragte angaben, Interesse an digitalen Gesundheitsangeboten zu haben, jedoch deutlich weniger die bereits verfügbaren Funktionen nutzen?

9. Welche beiden Vorschläge gibt es, älteren Menschen die Online-Welt näher zu bringen?

10. Wie viel Prozent der Senioren nutzt das Internet überhaupt gemäß der Analyse regelmäßig?

5.3 Die E-Mail (elektronische Post)

E-Mails sind in ein E-Mail-Programm eingetippte Texte, die über das Internet an eine ganz bestimmte Person (oder auch mehrere) gesendet werden. Sie unterscheiden sich grundsätzlich nicht von einer SMS. Um mit E-Mails arbeiten zu können, wird oftmals ein spezielles Programm, wie z. B. MS Outlook oder Mozilla Thunderbird, eingesetzt. Man kann E-Mails aber auch direkt über den Browser aufrufen und versenden. Dazu ist der Aufruf der Seite des E-Mail-Providers und die Eingabe der E-Mail-Adresse mit Passwort notwendig. Eine E-Mail-Adresse besteht immer aus zwei Teilen, einem Teil vor und einem Teil nach dem Zeichen @ (= at). Den Teil vor dem Zeichen kann man sich normalerweise selbst aussuchen, den Teil danach liefert der E-Mail-Provider. Neben dem eigentlichen Text können auch Dateien mit Bildern oder Programmen als sogenannter E-Mail-Anhang versendet werden.
Ein Problem der elektronischen Post ist, dass E-Mails sozusagen nicht in einem Umschlag versendet werden und damit auf dem Weg von der sendenden zur empfangenden Person von anderen Leuten gelesen werden könnten. Daher kommt ein E-Mail-Versand von Gesundheitsdaten nicht infrage.

1. Wofür könnten Ärztinnen und Ärzte E-Mails beruflich nutzen?

2. Wofür könnten Patientinnen und Patienten E-Mails nutzen?

Frage 1: Welche Aussagen zum Internet sind richtig?
- a) Das Internet ist eine weltweite Vernetzung von Computern, die über Datenleitungen miteinander verbunden sind.
- b) Man benötigt Drucker und CD-ROM als hardwaremäßige Voraussetzungen, um das Internet nutzen zu können.
- c) Das Internet ist ein LAN.
- d) Ein Provider ist ein Unternehmen, mit dem man einen Vertrag abschließt und dessen Internetleitungen man benutzt, um in das Internet zu kommen.

Frage 2: Welche Aussagen zum World Wide Web sind richtig?
- a) Ein Browser gehört zur Hardware eines Computers.
- b) Dateidownload bedeutet, dass man Dateien über das WWW auf den eigenen Computer herunterladen kann.
- c) Im WWW können Texte mit Bildern aufgerufen werden.
- d) Website ist die Bezeichnung für alle Seiten einer Internetadresse.

Frage 3: Welche Aussagen zum Internet sind richtig?

- [ ] a) Der Firefox ist ein Provider.
- [ ] b) Eine Internetadresse ist mit einer Postleitzahl vergleichbar.
- [ ] c) Das WWW ist ein Teil des Internets.
- [ ] d) Ein Browser ist ein spezielles Programm, um E-Mails abzurufen.

Frage 4: Welche Aussagen über die medizinische Nutzung des Internets sind richtig?

- [ ] a) Patientinnen und Patienten können sich durch das Internet über Therapiemöglichkeiten, Medikamente und andere gesundheitliche Themen informieren.
- [ ] b) Ärztinnen und Ärzte können durch die Labordatenfernübertragung die Untersuchungsergebnisse von eingesandtem Material über den PC abrufen.
- [ ] c) Das Internet kann nur dazu genutzt werden, die Daten, die auf den Computern innerhalb der Praxis gespeichert wurden, abzurufen.
- [ ] d) Es sind Programme in der Entwicklung, die es ermöglichen, dass Praxen durch das Internet Patientendaten austauschen. Teilweise werden solche Programme schon im Praxisalltag genutzt.

Frage 5: Welche Aussage über E-Mails ist richtig?

- [ ] a) E-Mails können nur von der sendenden und der Empfangenden Person gelesen werden.
- [ ] b) Man benötigt keine speziellen Programme, um mit E-Mails arbeiten zu können.
- [ ] c) E-Mails sind Texte, die über das Internet an bestimmte Empfängerinnen und Empfänger gesendet werden können.
- [ ] d) Um E-Mails zu versenden, benötigt man immer ein Handy.

6 Differenzierungsaufgaben

6.1 Praxisbezogene Auswirkungen des EDV-Einsatzes in der ärztlichen Praxis

Fall: Vor einiger Zeit hat sich Dr. Sommerfeld für die Praxis einen Computer und die dazugehörige Praxis software zugelegt. Er möchte nun überprüfen, ob sich die Anschaffungen gelohnt haben. Dazu sieht er sich noch einmal den Prospekt seiner Praxissoftware an.

Doktorsoftware

die einmalige Praxissoftware

Unsere Praxissoftware bietet Ihnen die folgenden Leistungen:

- Abrechnung? Ein Kinderspiel! Egal, ob Sie die KV-Abrechnung, Privatliquidationen oder Abrechnungen mit der BG zu bewältigen haben. Mit unserer Software ein Kinderspiel!
- Karteikarten sortieren? Die elektronische Patientenkarteikarte unserer Software hat alles im Griff! Ob persönliche Patientendaten, Dokumentation mit Anamnese-, Befund-, Diagnose- oder Therapieeingabe, alles können Sie direkt am Monitor eingeben und an allen Praxiscomputern abrufen. Wir sagen nur: Pappkarteikarte ade!
- Formulare selbst schreiben? Lassen Sie das Ihren Computer machen. Sie geben nur noch die Daten ein und alles wird schnell und bequem ausgedruckt. Auch Ihre Arztbriefe übernimmt unsere Praxissoftware!
- Internetanschluss? Na klar! Mit unserer Software können Sie per Labordatenfernübertragung schnell auf die erwarteten Laborbefunde zugreifen! Keine Zettelwirtschaft mehr!
- Die Lexikonfunktion: Egal, ob Sie ICD-10-Code nachschlagen wollen oder die aktuellen Medikamentenpreise benötigen. Ein Klick und sie sind griffbereit!
- Budget überschritten? Die Statistikfunktion gibt Ihnen taggenau Auskunft über Ihre Scheinzahlen, Ihr Laborbudget usw. Sie wissen genau, wie viele Kassenleistungen Sie noch erbringen dürfen.
- So behalten Sie immer den Überblick! Mit der Terminkalenderfunktion vergeben Sie eindeutige Termine, mit der Wartezimmerfunktion behalten Sie einfach im Blick, welche Person wann aufgerufen wird! Auch eine Online-Terminvergabe ist möglich!

Eine tolle Sache, unsere Praxissoftware **Doktorsoftware!**

1. Tragen Sie in die linke Seite der Tabelle auf Seite 71 ein, welche Aufgaben von der Praxissoftware übernommen werden.

2. Tragen Sie in die rechte Seite der Tabelle ein, wie diese Aufgaben vor der Einführung der Praxissoftware ausgeführt wurden.

Arbeit mit Computer und Praxissoftware	Arbeit ohne Computer und Praxissoftware

Welche Arbeiten in einer Praxis wegfallen, die mit Computer und Praxissoftware arbeitet, zeigt die rechte Spalte der Übersicht. Welche Arbeiten kommen aber neu hinzu?

3. Überlegen Sie mindestens vier Tätigkeiten der Medizinischen Fachangestellten, die durch den Einsatz des Computers neu hinzugekommen sind.

6.2 Wirtschaftliche Auswirkungen des EDV-Einsatzes in der ärztlichen Praxis

Es ist unbestritten, dass eine Praxissoftware die Arbeit in der Praxis erleichtern kann. Was aber kostet die Anschaffung einer Computeranlage einschließlich Praxissoftware? Lohnt sich das für die Praxis finanziell? Dieser Frage wollen wir jetzt nachgehen.
(Achtung: Der folgende Fall ist sorgfältig recherchiert. Es kann aber für die Richtigkeit der Zahlenangaben keine Gewähr übernommen werden! Die angegebenen Kosten schwanken sehr, z. B. in Abhängigkeit von der Praxisgröße, der Praxisart, den Kosten des Programms usw.)

Auszug aus einem Artikel in einer medizinischen Fachzeitschrift für Praxiscomputer

Der Praxiscomputer, eine Kostenfalle?

Nahezu alle Praxen verfügen heutzutage über einen Praxiscomputer. Der Praxiscomputer wird häufig auch in der Absicht angeschafft, Personalkosten zu sparen. Doch geht diese Rechnung auf? Für die Ausstattung einer mittleren Hausarztpraxis müssen fünf Arbeitsplätze gerechnet werden: einer beim Empfang und vier in den Sprech- bzw. Behandlungszimmern. Pro Arbeitsplatz sind für die Hardware ca. 1 000,00 € zu kalkulieren. Für den Server müssen noch einmal 1 500,00 € gerechnet werden. Die Verkabelung zu einem Netzwerk kostet ca. 1 000,00 €. Nach fünf Jahren sind die Geräte in der Regel veraltet und müssen durch neue ersetzt werden. Hinzu kommen die Softwarekosten. Das Betriebssystem kostet ca. 500,00 €. Bei der Arztsoftware müssen je nach Hersteller ca. 3 000,00 € für die einmalige Lizenz und ca. 800,00 € jährlich für die quartalsweisen Updates veranschlagt werden. Hinzu kommen Wartungskosten für die Hardware von ca. 600,00 € jährlich.

1. Wie hoch sind die jährlichen Kosten für ein Computersystem inklusive Praxissoftware, die in diesem Artikel genannt werden? Nutzen Sie die Tabelle.

1. Rechnung: Ausrechnen der **einmaligen** Kosten

Kosten für ...	Kosten in EUR
	Summe Kosten EUR:

2. Rechnung: Da diese Kosten nur einmal alle fünf Jahre anfallen, müssen sie auf die einzelnen Jahre verteilt werden, also ist die Summe der Kosten durch fünf zu teilen. (Hinweis: Die Lizenzkosten werden der Einfachheit halber auch mitgerechnet und aufgeteilt.)

Summe Kosten EUR aus Rechnung 1:	: 5 =	

3. Rechnung: Ausrechnen der jährlich anfallenden Kosten:

Kosten für ...	Kosten in EUR
	Summe Kosten EUR:

4. Rechnung: Ausrechnen der jährlichen Gesamtkosten

Ergebnis Rechnung 2	
Ergebnis Rechnung 3	
	Summe jährliche Gesamtkosten EUR:

Die Kosten der Computeranlage sollen nun einmal den Arbeitskosten von Medizinischen Fachangestellten gegenübergestellt werden. Eine MFA soll den Arzt pro Arbeitsstunde 20,00 € kosten.

2. Wie viele MFA-Arbeitsstunden muss Dr. Sommerfeld einsparen, bevor sich die Anschaffung für ihn hinsichtlich der eingesparten Personalkosten gelohnt hat?

3. Diskutieren Sie in Ihrer Klasse: Wie ist Ihre Meinung zu der Computeranlage in Ihrer Praxis? Erleichtert sie die Arbeit oder macht sie zusätzliche Arbeit? Warum?

6.3 Personelle Auswirkungen des EDV-Einsatzes in der ärztlichen Praxis

Fall: Dr. Sommerfeld hatte in der Praxis bis zur Anschaffung seiner Computeranlage auch zwei ältere Medizinische Fachangestellte beschäftigt. Diese haben jedoch in den ersten Wochen nach Einführung der Computeranlage gekündigt, sodass Dr. Sommerfeld jetzt nur noch junge Mitarbeiterinnen und Mitarbeiter beschäftigt. Er überlegt, wie das passieren konnte. In einer Fachzeitschrift findet er den folgenden Artikel:

Überfordern Sie Ihre Mitarbeitenden nicht!

Fast jede ärztliche Praxis ist heute mit einer Computeranlage und spezieller Software ausgestattet. Meist fällt die damit verbundene Umstellung den jüngeren Mitarbeitenden leichter als den älteren. Junge Menschen sind mit der Computertechnik aufgewachsen. Die meisten haben zu Hause einen eigenen Computer. Damit ist der Grundstein für die Bedienung von EDV-Geräten in der Praxis gelegt. In der Regel fällt jüngeren Menschen das Lernen neuer Dinge grundsätzlich leichter als älteren. Hinzu kommt, dass Medizinische Fachangestellte in der Ausbildung in den letzten Jahren in der Schule systematisch mit einer Praxis-EDV vertraut gemacht werden. Ein weiteres nicht zu unterschätzendes Problem für ältere Mitarbeiterinnen und Mitarbeiter sind die manchmal recht kleinen Anzeigen auf dem Monitor, denn mit zunehmendem Alter lässt bei fast allen Menschen die Sehkraft nach. Trotzdem sind gerade ältere Mitarbeitenden für die ärztliche Praxis von unschätzbarer Bedeutung. Neben ihrer großen Berufserfahrung kennen sie viele Patientinnen und Patienten persönlich und bauen dadurch eine hohe Patientenbindung zu ihrer Praxis auf.

Wie kann man den Bedürfnissen der Mitarbeitenden gerecht werden? Bei der Monitorauswahl muss auf eine sehr gute Bildqualität geachtet werden, die jüngeren sollten in diesem Bereich die älteren unterstützen (wie sie selbst ja in vielen anderen Dingen von den älteren unterstützt werden). Selbstverständlich sollte das gesamte Praxispersonal intensiv geschult werden, bevor neue Software benutzt wird.

Welche Probleme werden in dem Text genannt, welche Lösungsmöglichkeiten gibt es?

Probleme	Lösungsmöglichkeiten

6.4 Das duale Zahlensystem

Bekanntermaßen kann ein Computer nur die Zustände „Strom an“ und „Strom aus“ darstellen, für Menschen gekennzeichnet durch die Ziffern 0 und 1. Mithilfe von Bytes werden die Zustände 0 und 1 genutzt, um für Menschen verständliche Buchstaben und Zahlen darzustellen, z. B. durch den ASCII-Code. Häufig wird der Computer aber nicht nur wie im Programm Word zur Darstellung von Buchstaben und Zahlen benutzt, sondern man rechnet mit ihm. In diesen Fällen muss mit den Zuständen 0 und 1 gerechnet werden. Unsere gewohnten Zahlen von 0 bis 9 im Dezimalsystem müssen in die Zahlen 0 bis 1 im dualen Zahlensystem umgewandelt werden. Die folgende Tabelle zeigt die Umrechnung:

Dezimalsystem	Dualsystem
0	0
1	1
2	10
3	11
4	100
5	101
6	110
7	111
8	1000
9	1001
10	1010

Dezimalsystem	Dualsystem
11	1011
12	1100
13	1101
14	1110
15	1111
16	10000
17	10001

Auf diese Weise ist es dem Computer möglich, z. B. die Rechenaufgabe 3 + 4 zu lösen. Er rechnet:

11 + 100 = 111

So können alle Rechnungen im Dezimalsystem vom Computer in einer gigantischen Geschwindigkeit durchgeführt werden.

1. Wandeln Sie in das Dualsystem um.

Dezimalsystem	Dualsystem
18	
19	
20	
21	
22	
23	
24	
25	
26	
27	
28	
29	
30	

2. Wandeln Sie in das Dualsystem um und addieren Sie anschließend. (Versuchen Sie, die alte Schulmethode zu benutzen.)

a) 12 + 14 =

b) 4 + 23 =

c) 9 + 16 =

6.5 Projekt Arztbewertungsportale

Laden Sie sich die folgende Informationsschrift herunter:
http://www.aezq.de/mdb/edocs/pdf/info/gute-praxis-bewertungsportale.pdf.
Gehen Sie anschließend auf die Internetseite: www.jameda.de.
Beurteilen Sie Jameda anhand der in der Broschüre genannten Kriterien.

Sachwortverzeichnis

Bildquellenverzeichnis

Alamy Stock Photo, Abingdon/Oxfordshire: Zoonar GmbH 29.1.
Di Gaspare, Michele (Bild und Technik Agentur für technische Grafik und Visualisierung), Bergheim: 43.1.
fotolia.com, New York: burnel11 36.2; Kzenon 35.1; Otmar Smit 26.1.
gematik GmbH, Berlin: 45.1, 46.1.
iStockphoto.com, Calgary: Fotografie K.J. Schraa 36.1; ipopba Titel, Titel.
medisign GmbH, Düsseldorf: 44.1.
Microsoft Deutschland GmbH, München: 52.1, 53.1.
Picture-Alliance GmbH, Frankfurt a.M.: Woitas, Jan 66.1.
stock.adobe.com, Dublin: Adagio 35.4; Akhilesh, Sharma 68.1; Birgit Reitz-Hofmann 24.1; Bulgar, Wladimir 40.2; ipopba Titel; Kzenon 35.2, 35.3; Mayer, Kevin 38.1; meepoohyaphoto 40.1; Miqul 10.1; natrot Titel; surasak 19.1; vlabo 25.1; wsf-f 23.1; Xavier, Marc 40.3.

Notizen